# CAMBRIDGESHIRE RECORDS SOCIETY
(formerly Cambridge Antiquarian Records Society)

## VOLUME 11

# COURT ROLL
# OF THE
# MANOR OF DOWNHAM
# 1310 - 1327

EDITED BY

M. CLARE COLEMAN

CAMBRIDGE

1996

Published by the Cambridgeshire Records Society.
County Record Office, Shire Hall, Cambridge CB3 0AP

© Cambridgeshire Records Society 1996

ISBN 0 904323 11 0

A catalogue record for this book
is available from the British Library

*Printed and bound in Great Britain by*
*E. & E. Plumridge Ltd., Linton, Cambridge*

# CONTENTS

Illustration: the top of membrane 10 (formerly 9, items **327–35**
on pages 86–88 below)                                    *Frontispiece*

Preface                                                        vii

Notes on the Transcript                                       viii

Introduction                                                    1

List of courts 1310–1327                                       14

Text of the Roll                                               17

Index of Persons and Places                                  111

Index of Subjects                                            117

# PREFACE

This volume originated as a companion to *Downham-in-the-Isle. A Study of An Ecclesiastical Manor in the Thirteenth and Fourteenth Centuries,* published in 1984, which at one time was intended to serve as an introduction to the text of the roll. This proved impractical, but until her death in 1988 publication of the court roll remained a cherished hope of Miss Coleman. At that time the text still required substantial checking and amendment, which has been carried out under the supervision of Christine Linehan and Philip Saunders. It is regretted that unavoidable delay, due to commitments of work and family, has postponed publication for so long. The society is grateful to Miss Coleman's family for patiently supporting the venture and generously defraying the costs of printing from her estate.

The roll which is the subject of this volume is among the Ely Diocesan Records in Cambridge University Library and was suggested for transcription and publication by Dr Dorothy Owen, then Archivist to the Bishop of Ely. The society is grateful to her successor, Mr Peter Meadows, on behalf of the Bishop, for permission to publish it and to reproduce the illustration in the frontispiece.

Finally, acknowledgement must be made to Dr Edward Miller who, more than anyone else, is known to have assisted and encouraged Miss Coleman in her original transcription.

# NOTES ON THE TRANSCRIPT

1.   The transcript of every court is preceded by an English summary. The courts have been numbered in Roman numerals, and are referred to by those numbers in the Introduction. A list follows the Introduction on pages 14–16.
2.   Entries, or groups of similar consecutive entries, have been assigned arabic item numbers, which are likewise used in the Introduction, in the indexes, and for cross-reference.
3.   Abbreviations have been extended where the intention is clear. A single exception, besides the familiar *etc.*, is the frequent use of *m* for *misericordia* in marginal and suprascript process notes. This has been left unextended. Where the intention of the abbreviation is not certain or an accidental omission or loss due to damage can be reasonably inferred the inserted material is shown in square brackets.
4.   For economy, most marginal entries are printed in the body of the text, in round brackets preceding the matter to which they refer. Occasionally such notes in repetitive short entries form a second column in the roll. Here such columns are usually printed one after the other, the absence of round brackets around the amercements distinguishing what is in the second (or even third) column.
5.   Suprascript and interlined entries have been included in the body of the text in angle brackets; where these are the amounts of amercements, etc., they follow the names to which they refer.

# INTRODUCTION

## THE DOWNHAM ROLL

The manorial court roll transcribed in this volume contains the extant records of the courts of Downham in the Isle of Ely, nowadays often called Little Downham, held during the reign of Edward II and the first four courts held during the reign of his son Edward III. Little Downham was one of the demesne manors of the bishops of Ely from the foundation of the bishopric in 1109, and the court rolls which follow are preserved among the diocesan records, now deposited in the Cambridge University Library (EDR C/11/1).

As constituted in early modern times, the roll comprises ten membranes and the fragment of an eleventh, sewn together at the top, most containing the four courts of each year. The earliest court is that for 17 August 1310, the first of the new bishop, John of Ketton, then merely bishop-elect; thereafter the series runs to 25 September 1327 with two gaps (see list on page 14–16). The smaller of these, for 1312–13, is simply explained, as the fourth membrane has been cut out leaving a strip at the head containing the top of some *elongata* of a heading, whilst the larger gap, for 1316–23, suggests that a new roll may originally have been begun in the Summer of 1316 for the new bishop, John Hotham, just as this one had been, but that those membranes containing the courts for the first few years of the bishopric had been lost by the time they were collated and reorganised, in a more secular age, according to the more familiar names of monarchs. Careful examination of the old tie-holes and of the labels inverted at the foot of the dorse of longer membranes, intended for reading when rolled up, shows that the present roll is indeed the product of three former gatherings: membranes 1–3, 4–7 and 8–11. Probably, therefore, two similar gatherings covering the period 1316–23 have been lost. Although no earlier rolls survive, courts were undoubtedly enrolled before August 1310, since reference is made (item **259**) to a roll 'of the time of the lord William of Louth', bishop 1290–8, an allusion which further corroborates the original

1

organisation of the roll according to bishop.[1]

Each membrane is a strip of parchment ten inches wide and from fifteen to thirty-three inches long, sewn together at the top with string and a tie made of scrap parchment. The quality of the parchment varies; some is good, one membane is so thin it is almost like paper. The ink varies from one court to another, from dark and clear to very faint. As to the general condition of the membranes, four are quite unspoiled, the rest damaged in parts – stained or rubbed or crushed into hard creases – and two are illegible in parts even with the help of an ultra-violet lamp. All the membranes are fully used on the recto: seven are fully covered and three are partly covered on the dorso.

Many clerks have contributed to this roll. One was responsible for the five courts which constitute membranes 10 and 11: these differ much from the rest; they are in a clear, square, even script with the headings in book-hand, whereas all the others are in a spiky script with the headings in court hand. Courts XIV and XV (comprising the whole of membrane 6) seem to be in one hand: courts XIII and XVII (in membranes 5 and 7 respectively are also similar to one another. The remaining courts may well all have been written by different clerks.

From the neatness and careful arrangement of the material it is obvious that these entries were not made during court proceedings. It seems clear that it was already the custom for notes to be made by the clerk while the court was in session and for these to be carefully copied later on to the appropriate membrane.

## The Village

The village of Downham[2] is two and a half miles north-west of Ely, and stands upon a projection of the same area of raised land which in pre-drainage days was an island in the fen. Before drainage only the upper part of the island was suitable for arable use and here, on the higher ground, lay the village street, the church and the rectory, the manor house (the bishop's

---

[1] C.f. the similar practice of the court roll of the bishop's neighbouring manor of Littleport described by W. Marshall 'On some ancient court rolls of the manor of Littleport', *Communications of the Cambridge Antiquarian Society*, iv, 97–9. Abstracts from the roll (now County Record Office R93/96) were edited by F.W. Maitland in *The Court Baron* (Selden Society, 1891), pp. 107–47.

[2] For a fuller account of the social and economic life of Downham as revealed by the court rolls and other documents, see the editor's *Downham-in-the-Isle: A Study of an Ecclesiastical Manor in the Thirteenth and Fourteenth Centuries* (Woodbridge, 1984). The surnames of the families 'Dumfrey, Scut, Sinerles and Bridge (anglicised from Ponte)' discussed on pages 67–92 are on closer examination transcribed below as Aumfrey or Aunfrey, Scot (occasionally Scut), Smerles and Poute or Pute.

palace) with its 250-acre park and three open fields, some 720 acres, in which were the strips cultivated by the lord and his tenants. On the lower ground were the meadows and the fen with its sedges and peat and its fisheries and, on the drier parts, the common grazing lands for the animals of the vill.

The undrained fen itself was impassable, but causeways such as those to Earith, to Willingham (Aldreth Causeway) and to Stuntney and Soham, linked the island to the uplands to the south, and there were navigable waterways from Ely to Littleport and thence by an artificial channel to King's Lynn, which offered 'to all the valleys of the Cam and of the Great and Little Ouse a way to the sea and to the coastal and continental traffic based on its harbour.'[3] There was trade here in corn and ale, timber and stone, reeds and turf, besides foreign fruits and wine and many other commodities. There were also navigable waterways from Downham Hythe to Coveney, Manea and Chatteris and to Doddington where the bishop had another of his ten manor houses. As Sir H. C. Darby has pointed out, at this period the fenland with its waterways might well have been better off than other parts of England where roads were often mere tracks, with ruts in dry weather and deep mud in wet.[4]

Carrying services were done by land and water by the bishop's tenants for various purposes: to carry his baggage to its next destination; to carry produce, mainly corn, from one manor to another in order to adjust surpluses and deficiencies, for the manors were administered as far as possible as one unit;[5] to buy things needed for the bishop's household, or for the upkeep of the estate (for instance, salt was bought at Ely, and the extent of 1251 tells of journeys to buy stock at Bury St. Edmunds, Wisbech and St. Ives); and to take goods for sale at the bishop's various markets (Ely, Balsham, Wisbech and Hadstock, etc.)[6] or at the great fairs of Cambridge and St. Ives.

For the thirteenth century there are two manorial extents or surveys, of 1222 and of 1251. These show that the standard holdings of villein land were full lands of fourteen acres and cotlands of one acre. It was customary in the Isle of Ely, however, to express the extent of villein holdings in 'ware acres' (taxation acres 1½ to 2 times larger than field acres) so, though this is not explicitly stated in the Downham surveys, the full land may well have been about twenty-four acres and the cotland about one and three-quarters.[7] In 1222 there were seventeen full lands (six divided into half-lands) and twenty-four cotlands; in 1251, twenty full lands (eleven divided into half-lands) and twenty-four cotlands. The reeves' accounts show that

[3] E. Miller, *The Abbey and Bishopric of Ely* (2nd edn, Cambridge, 1969), p. 85.
[4] H. C. Darby, *The Medieval Fenland* (Newton Abbot, 1974), p. 93.
[5] Miller, *Abbey and Bishopric of Ely,* p. 84.
[6] *Ibid.,* p. 85n.
[7] Maitland, *The Court Baron,* p. 108n. The extents are mistakenly dated by Maitland 1221 and 1277.

this pattern continued throughout the reign of Edward II, though many holdings became further divided into smaller parts (see, for example, item **192**).

Between 1222 and 1251 much reclamation was done in the fen and the later extent shows 12½ assarted acres let to six tenants, the 'new feoffees', at 8*d.* an acre and sixty-nine such acres at Apesholt (probably where Apeshall is now) let to fourteen tenants at 1*d.* an acre. All the tenants of these lands (there were sixteen, as four of them held assarts in both lists) were also customary tenants or cottagers already doing servile services, so the entries do not reveal whether or not the assarts were regarded as villein land.

The three largest of the Apesholt holdings were of twelve acres, and two of these were rented by tenants already in possession of full lands – the first indication of the accumulation of land by villeins which was to take place later. In Edward II's reign a tenant already in possession of a full land, a half-land and a cotland bought a further half-land and a house, and another tenant who owned a half-land and a cotland bought a full land and a house. Such 'landed' peasants became the aristocracy of the vill; they must have contributed much to its prosperity and stability and certainly they played their part in its administration.

For the villein land the conditions of tenure were the performance of certain 'works' for the lord, the payment of certain dues and the suffering of certain restrictions. The holder of a full land, a customary tenant, had to do three 'works' (day's work) a week for the lord; these included ploughing, some carrying duties and a variety of farm and repair work. The holder of a cotland had to do one 'work' a week which included similar duties but no ploughing. Both customary tenants and cottagers had, besides, some extra carrying and farm duties and work in the harvest. To be excused from certain duties (sedge-cutting and work on the Aldreth Causeway), however, a payment could be made by the tenant, and by the fourteenth century virtually all duties could be commuted or 'sold'. This occurred to a great extent in later years when, only part of the demesne being farmed by the lord, fewer services were required.

An annual payment, witepound, possibly a commutation of certain unspecified duties, was due from every tenant, 8*d.* from a customary tenant and 3*d.* from a cottager. Each customary tenant also owed twenty eggs at Easter (ten for a cottager) and two hens (one for a cottager) at Christmas. He had to pay a fine, merchet, varying in amount (from 6*d.* to £1 in this roll) on a daughter's marriage and leyrwite if she fornicated. An entry fine, gersuma, had to be paid on admission to a tenement and at death there was the heriot. This death duty consisted of the tenant's 'best beast' or 32*d.* for a full land, 16*d.* for a half-land; a cottager did not pay.

The restrictions they suffered forbade them to leave the vill, to marry or give a daughter in marriage without leave, to sell land without leave, to sell a colt or an ox bred by themselves, or to grind their own corn – they 'owed suit' to the mill. They also owed suit to the court. The cottagers had an additional restriction: they had to keep their sheep in the lord's fold: the dung was a valuable asset on the land.

The Downham Bylaw, referred to in the heading of the first court, would have been compiled, as elsewhere, by the tenants in the manorial court and made to suit the village's particular needs. It was (to quote the roll) a set of rules 'for protecting the crops and meadows of the lord and others and concerning the fens and turves' (item **65**). More detail can be inferred from the records of offences. There were rules for the protection of the common land and the fen – no fodder was to be cut before the Feast of St. John the Baptist (24 June), no sedges were to be cut before Hock-day (the second Tuesday after Easter). This, in each case, was to allow the crop to come to full growth. It was forbidden to take from the fen more than one's personal requirement of timber for building; sedges and peat could be taken for personal use and also for sale in the vill, but not for sale outside. Under rules concerning the harvest, a tenant might not glean if he was able to reap, he might not invite strangers to work with him, and the gleaning and reaping must be done well; the completion of harvest and the admission of animals to the stubble for grazing must not be unnecessarily delayed; conversely, the animals might not come in until all the crops had been carried. Horses might not be tethered where there was grain. To guard against theft, the number of sheaves to make up a cartload must be fixed – otherwise it would be easy to leave the field (say) with twenty-two sheaves and arrive at the stackyard with twenty. Custodians of the bylaw were appointed by the court and, later, custodians of the fen took over their own special responsibility. The chief officers of the vill were the reeve and the hayward, elected by the 'whole homage' in the manorial court and the reeve was also the foreman of the lord's demesne, responsible for the home farm finances and accounts: he might hold the office for many years. The hayward's main responsibility was in the growth, protection and harvesting of crops, the erection and removal, at seedtime and harvest, of the fences around the open fields, the discipline involved in these matters and the consequent duties in the manorial court.

## The Court

The function of the manorial court was to try civil, personal, actions of land, covenant, trespass and debt (not exceeding 40s.); to deal, through its officers, with the administration of the vill; to record and tax all transfers of villein land. In civil actions the plaintiff brought the case himself, supported by a pledge, his 'suit': 'the mere parol of a man without suit shall not be heard'.[8] The Downham roll shows the plaintiffs appearing,

---

[8] *Ibid.*, p. 84.

far-sightedly, with two friends as suit (items **46, 85, 153, 290, 354**).

If the defendant did not admit the charge and his denial was not accepted, two courses were open to him. Although the ancient trial by ordeal was a thing of the past, there remained the practice of waging law, in which the defendant pledged himself to attend the next court with the required number of supporters – if three supporters he would be said to come 'three-handed'; and there was now also the practice of referring the case for enquiry by a jury of inquest, a revolutionary change which had taken place in methods of judgement in civil cases in the latter half of the thirteenth century. This development is well illustrated by comparison of the Downham roll with some model cases set out in certain tracts written in 1265 and 1270 for the instruction of those holding manorial courts, the relevant portions of which were edited by Maitland and published in 1881 under the title of *The Court Baron*. Law was waged in sixty-eight per cent of the 1265 cases: it is waged only twice in the roll (items **69** and **73**). The practice of reference for enquiry was used in 1265, though in only twelve per cent of the cases: in the roll it is the normal procedure.

If the dispute concerned land there was also by the reign of Edward II another tool for the defence, a request for reference to an entry in an earlier roll [item **259**], for by then all transfer of villein land was compulsorily enrolled. Here can be seen the emergence of copyhold tenure.

Other functions of the curia concerning the administration of the vill are self-explanatory.

In the matter of temporal jurisdiction the Bishop of Ely acted in four distinct capacities. First, as lord of his fifty manors he had the right to hold, in every one of them, his curia or manorial court. Secondly, as a great lord, he held a franchise which gave him the right and duty to hold in his court the Assize of Bread and Ale and 'to execute the law of Frankpledge and take the profits thence arising' and 'also the right to hold, twice a year, a court co-ordinate with the sheriff's turn, a police court, a court for the presentment of offences and the punishment of offences that fell short of felony',[9] the lesser pleas of the crown. This franchise did not empower him to try civil cases beyond the competence of the curia. The court known as the Leet in which this franchise was exercised was held once a year, usually in December, in conjunction with one of the four manorial courts. Thirdly, as holder of the jurisdiction of the two hundreds of the Isle of Ely the lord had the right to hold the leet in every manor in those hundreds, even in those manors that did not belong to him. Fourthly, as holder of the great franchise of the Liberty of the Isle of Ely, he had the right to exercise in the Isle both civil and the highest criminal justice. But these last two franchises do not concern us here.

The institution of frankpledge[10] required every male person of twelve

[9] F. Pollock and F.W. Maitland, *The History of English Law* (2nd edn, Cambridge, 1898), i, 580.
[10] *Statutes of the Realm,* i (Record Commission, 1810), 246–7.

years or more to be a member of a group, or tithing, and every tithing led by its tithingman or chief pledge who was responsible for the behaviour of its members. At the view of frankpledge, when the tithings were examined, it was usual for a list of articles dealing with the maintenance of the roads, bridges and watercourses of the vill and the duty of the villagers to be read out loud and the chief pledges interrogated. There are many versions of the articles developed by the various courts as suitable for their own use.

The assize of bread and ale took account of offences concerned with their making and distribution. A loaf of bread had to be of a standard quality and weight: the ale must pass the test of the official ale-taster (who must be sent for to inspect the quality of the fresh brew) and the measure must be true. Ale was measured in leathern vessels, such as those formerly used by bell-ringers and still found in some belfries. They were of three sizes (gallon, pottle [half a gallon] and pint) and were stamped to show the measure, just as beer glasses are still marked. The measures had to be produced by the ale-wives for inspection at every leet.

In Maitland's words, the leet was 'a court co-ordinate with the sheriff's turn... for the presentment of offences'; consequently the lord availed himself of a use which was otherwise a prerogative of the sheriff's, presentment by a sworn jury.[11] When the punishment was only an amercement (i.e. penal fine), as throughout this roll, the presentment was regarded 'not as an accusation, but as testimony and conclusive testimony'.[12] It was not traversable – there was no defence against it.[13] The steward, acting for the lord, was the judge in a presented case but two of the jury, called affeerers, decided the amercement and assessed damages.

This use of presentment was a recent development. The thirteenth-century *Court Baron* tracts record all offences, including one of the breach of the assize of ale, as being 'witnessed', not 'presented', whereas in this roll not only are all the offences of the leet 'presented', but also all those of the curia. This method of presentment, proper to the leet, had become, as a matter of convenience, the normal method. Furthermore, whereas in the thirteenth century, in cases that concerned the lord personally, such as damage to his crops or poaching in his private fishery, he was regarded as the plaintiff and civil action was taken in which he was represented by one of his officers,[14] now the trespass was treated as an offence and 'presented' by the jurors. Thus the cases became non-traversable, for, though the jurors are not listed in the roll, they presumably constituted a sworn jury.

Nevertheless there are in the roll exceptions to the non-traversable rule: on one occasion the Rector of Downham, who had done damage in the lord's meadow, made a successful plea and was quit (item **112**), and at

---

11  Pollock and Maitland, *English Law*, ii, 519–20.
12  *Ibid.*, ii, 652.
13  *Ibid*, ii, 653.
14  Maitland, *The Court Baron*, p. 37.

another time a chaplain who had cut sedges in the fen after Michaelmas was allowed to make his excuses (item **188**): perhaps this was special favour to the cloth!

As to the composition of the jury of presentment in the leet, it is clear that the jurors were, in fact, twelve chief pledges who had formed themselves into a jury.[15] Thus the duty of answering to the articles of the view became the duty of presenting the offences revealed by the enquiry. This juror-chief pledge identity is borne out throughout this roll: in the records of the nine leets, the first eight give a list of 'jurors', the ninth a list of 'capital pledges'. Similarly, the presenters in the first seven leets are shown as 'jurors'; in the last two leets they are 'capital pledges'. To continue into the court roll of Edward III, where eighteen leets are recorded, five lists have no headings; for the rest, the first four are of 'jurors', the next five of 'capital pledges and jurors' and the last four of 'capital pledges'. Presentments were made by 'jurors' in five leets and by capital pledges in thirteen at various dates throughout the reign.

The leet was always held in conjunction with a simple manorial court – it was, in fact, a manorial court in which the lord was exercising his franchise of the view and there was no reason why the matters for the curia and those for the leet should not be considered in any convenient order, and in some courts of the roll this was so (e.g. courts XXVII and XXXI). But the Downham Court on the whole managed its affairs more tidily: for instance, in court VI all the curia work was disposed of before the jury came into the picture – except for the sedges and turves offences which, as they were for presentment by jury, necessarily came later with the 'leet' cases which had arisen from the inquest of the articles – default of suit, stopping of watercourses, encroachments, etc., tithing offences and breach of the assizes of bread and ale. Courts XVII and XX, also, avoided a random arrangement but here the curia cases were kept to the end.

Much that must have occurred in court is omitted from the roll: for instance, the reading of the articles at the leet is never mentioned, for this, a regular event, would be taken for granted. But read they had to be, 'clearly read' to the chief pledges.[16] Presumably this happened at an early stage in the leet, perhaps as soon as the jury had been sworn.

It was not, in any case, the main purpose of the roll to describe the court proceedings in detail: the roll was primarily a money account, obtrusively so on many occasions (items **213–14, 283**), the concern of the lord being in the amercements and fines due or collected. The entries are therefore brief, details being given in civil cases only when the dispute concerned land or when there had been strenuous denial (item **373**) or when an order had been made 'under pain' (item **119**). Similarly, presented cases are sketchily recorded; two exceptions concern offences which might have upset the sport of the lord (items **112, 118**).

[15]   Pollock and Maitland, *English Law*, i, 570–1.
[16]   Maitland, *The Court Baron*, p. 87.

There is little hint, even in the fully reported cases, of the formality with which the proceedings were conducted. According to the instructions in *The Court Baron,* the plaintiff and the defendant were bound to use certain formulae, the 'words of the court', and perhaps it can be assumed that this was still the rule, forty years later. If so, one can imagine item **85** going much like this:

> Sir steward, Simon Cardinal the younger, who is here, complaineth of Henry Corner, who is there, that, against the peace of the lord and thine who art charged to guard and maintain the peace, at such an hour on such a day in this year, there came this Henry [into the croft of this Simon] and wrongfully and against reason did hit a piglet of the said Simon [with his staff of holly] to the damage of the said Simon 1*d.* If confess he will, well and good; if he denieth, wrongfully he denieth, for we have suit good and sufficient.

The defendant's reply would be:

> Tort and force and all that is against the peace of the lord and of thee who art charged to guard and maintain the peace, and the damages of 1*d.* defendeth Henry who is here against Simon who is there and against his suit and all that he surmiseth against him, and well he showeth that he never did hit any piglet of the said Simon with a staff of holly or any other weapon. This is the truth and he puts himself on the jury of the vill.

A word or phrase omitted by either of them might cause his case to be lost – if, for instance, the defendant omitted mention of damages or the words 'and against his suit', then the ruling would be in favour of the plaintiff. In these circumstances to bring a matter to court would hold terror for many. The fact, however, that all the model cases in *The Court Baron* are set out verbatim in the third person (as the one above) does suggest that the litigants had pleaders to speak for them and they were not themselves faced with the prospect of addressing the steward in this most complicated formula.[17]


## Downham and the Contemporary Scene


Now and then, amongst all these records of the domestic and manorial matters of Downham, there occurs an entry that gives a hint about the existing trends and conditions and the events taking place in the world

---

[17] *Ibid,* p. 88.

beyond the village. For instance, in the leet of December 1326, at the assize of bread and ale, the question was raised about the quality and proper price of the bread of one of the bakers. This led to the disclosure of the current prices of wheat, which were, according to quality, 3s. 6d., 3s. 4d. and 3s. a quarter. For more information about the cost of living reference can be made to the reeve's accounts which reveal that the eggs given by the tenants at Easter were usually sold at twenty for a penny and that their hens given at Christmas sold for 1½d. or 2d. each: a capon fetched 3d. and a goose 4d. Other random entries show that the rents for demesne land farmed by tenants varied from a shilling to 2s. 6d. an acre. Wages varied from 3d. a day for a skilled man (mason, carpenter, roofer, cooper, etc.), 2d. for most unskilled men and 1½d. for a boy – the swineherd had this sum. A carpenter or a mason had 4d. a day if he was engaged on special work.

The amercements charged in court for offences seem to have been assessed to fit the ability of the offenders to pay them. Even so, on many occasions they were excused on account of poverty (e.g. item **293**). The amercements for selling sedges and turves outside the vill were respectively 3d. and 6d. a thousand and, as these misdoings always continued, it is clear that the tenants found the trade worthwhile and must therefore have received higher prices than these for their goods. The reeve's accounts show how much the estate paid per thousand for turves for the lord's use: if bought in large quantities (19,000 and 80,000) they cost respectively 1s. 6d. and 1s. 1d. and if bought in small quantities (3,000, 3,000 and 300) they cost respectively 10s., 12s. and 13s. 4d. If this is any yardstick for the prices charged by the tenants for their turves sold outside the vill, the illegal trade was a very profitable one and the court must have regarded it with a benevolent eye.

Some trespasses that proved not to be worthwhile were those committed by a reeve (item **241**), who was presented in court by the jurors for fifteen offences, all but one of them abuses of his office. In various ways he had made use of the lord's servants and animals for his own purposes and had fiddled the accounts for his own profit. This was common practice: Chaucer's reeve similarly feathered his nest and

> Bailiff and herd and men of all degree
> knew full well his sleight and subtlety:
> They were afraid of him, as of the death.

But the Downham men, mindful of all the past chivvyings that they had suffered, perhaps for years, plucked up their courage and most gloriously got their own back.

One item (**288**) opens a window on a general grievance and also on the stirring events taking place at the time in England and beyond. In the leet of December 1324 two tenants complained that the tax collectors had overcharged them for the tax for arms, demanding 'too much of their goods and chattels, their lands and money'. The tax, of course, was either the lay subsidy on moveables or the charges on villages and towns for soldiers' pay and equipment, which were levied by Edward II's government to finance the Scottish and French wars, in both of which the country was meeting with no success. In Scotland, the English army had suffered disastrous defeat at Bannockburn in 1314 and by 1319 the Scots had probed deep into Yorkshire: the king himself had barely escaped capture on one occasion. Across the Channel, though peace had been signed in 1303, trouble was still brewing in Gascony and there was still need to 'repair the damages caused by the French occupation... and to restore the Duchy... to something like order and contentment'. Compensation was due to farmers and landowners, towns had to be rebuilt, loans repaid and arrears of pay were due to the troops.[18] In 1323-4, moreover, Anglo-French relations in Gascony again degenerated into open warfare, resulting in the mobilization of forces to be sent there. These wars were unpopular and so were the demands for men and money they occasioned.

The accusation of overcharging made by the Downham tenants was found to be false, the collectors were exonerated and the tenants were amerced. But they had aired their grievance and voiced the familiar medieval objection to the imposition of any tax for any purpose.

Eileen Power, in her book *Medieval Women*[19] stresses that the working woman, at any rate, appears to have suffered little or no sex discrimination, and this is reflected throughout the Downham roll. There was no bar to a woman's holding land: one woman, 'the gardener' (item **160**), presumably the head gardener at the palace, is recorded on four occasions as selling holdings and river meadows. A widow without adult sons would inherit a holding as a matter of course. It is noticeable, however, that as a rule a widow was unwilling to shoulder the responsibility of the land with its dues and services and would dispose of it – or else remarry. For a man to 'marry into land' was one way of increasing his holding: there are records of two marriages with landed widows (items **199** and **239**).

There was no bar to a woman's holding office if she qualified as a tenant: one was actually a hayward (item **289**). As to their commercial occupations, the most common was brewing, and here the women were greatly in the majority: in the ten years of the roll fifty-one brewers are mentioned and forty-two of them were women. Twelve other women were alewives who sold, but did not brew, the ale. Baking was another occupation: there were fourteen bakers, all women except one.

It seems that women did field work along with men as a matter of course, on duties that they could manage. In fact, one woman was amerced with seven men for failing to reap (item **318**) and two women were in a group of thirteen tenants amerced for bad harvest work (item **6**).

One revealing entry in the roll is that of the name of the officer presiding over the leet at Downham on 9 November 1311: this is one of the rare

[18] Eleanor C. Lodge, *Gascony under English Rule* (London, 1926), p. 68.
[19] Eileen Power, Medieval Women (Cambridge, 1975), pp. 53-75.

occasions when the name of the presiding officer is given. He was the steward, Robert of Madingley, one of a family of some consequence. One Thomas de Madingley was a burgess for Cambridge in four parliaments between 1298 and 1305, and Robert himself was one of the borough bailiffs in 1282, 1283 and 1285.[20] He became the bishop's seneschal about 1304, serving first Robert of Orford for six years and then John of Ketton for about two. He must have left soon after the leet of 1311, for between September 1311 and his death in May 1321 he served as a justice of assize and a commissioner of oyer and terminer, of gaol delivery and *de wallis et fossatis*, sitting on many commissions in every one of those years. In 1312 he was also one of the assessors of the tallage of Cambridgeshire and three neighbouring counties.[21]

One of these commissions was of local interest: it dealt with obstruction of the river between Well (Upwell) and Lynn and consequent interference with water traffic. Most of the cases concerned crimes of violence, attacks by gangs on houses and estates with assault on servants, robbery of livestock and goods and, frequently, kidnapping of a member of the family. The orders to proceed on these cases were issued sometimes to two commissioners, sometimes to three or four; in the latter event it was stressed that, though one or two might be excused, Robert of Madingley must attend. He was knighted in 1317.

Robert's travelling on these commissions, about twenty a year, was considerable and he must have been happy, between his duties, to spend time at his home at Chesterton or, occasionally, on his little estate at Harston which he inherited from an uncle.[22] The *Victoria County History* records that there he had a demesne of three hundred acres, one hundred of which were arable, and that he kept cattle and a flock of 175–200 sheep which supplied him with 165–180 fleeces a year. He is said to have farmed the demesne intensively 'even selling the feathers from the tails of his nine peacocks'.[23]

But to return to Robert the lawyer. By the time the stewards of the great estates were no longer mere holders of feudal posts, they were competent, salaried professionals, frequently well trained in common law. Such a steward Robert was or he could never have embarked on his subsequent career.[24] And surely he must have made his contribution to the increasing use of common law practices such as the inquest, the sworn jury of presentment, the end of regard to the production of 'suit' and the disappearance of 'waging law'; not only in the leet but also in the ordinary manorial court, and not only in Downham but in all the other manors where the bishop had his right to exercise civil and the highest criminal

---

[20] F. W. Maitland, *Township and Borough* (Cambridge, 1898), pp. 134–5.
[21] *Calendar of Patent Rolls 1307–13, 1313–17, 1317–21, passim*.
[22] British Library Additional Roll 18522 (*per* Mr Miller).
[23] *Victoria County History, Cambridgeshire and Isle of Ely*, viii (London, 1982), 184.
[24] Miller, *Abbey and Bishopric of Ely*, pp. 265–6.

justice – his own manors and the manors in his hundreds. It may indeed be that Robert of Madingley and other stewards of that calibre played an important part in accelerating changes in the procedures of the manorial courts and that the years in which they practised were more important than has been recognised hitherto for the development of legal thought.

# LISTS OF COURTS 1310 - 1327

The Roman numerals are the court numbers in this edition

| | *membrane* | |
|------|------|------|
| I | 1 | Monday after Assumption BVM, 4 Edw. II (17 Aug. 1310). Apparently included bylaw administration |
| II | 1 | Tuesday after St. Clement, 4 Edw. II (24 Nov 1310). Includes leet |
| III | 1*d* | Thursday, morrow of Ash Wednesday, 4 Edw. II (25 Feb 1311) |
| IV | 2 | Thursday after SS. Peter & Paul, 4 Edw. II (1 July 1311) |
| V | 2*d* | Tuesday after St. Matthew, 5 Edw. II (22 Sept. 1311) |
| VI | 3 | Tueday after St. Leonard, 5 Edw. II (9 Nov. 1311) Includes leet. |
| VII | 3*d* | Wednesday after St. Wynewaldus, 5 Edw. II (8 Mar. 1312) |
| VIII | 3*d* | Monday, morrow of St. Barnabas, 5 Edw. II (12 June 1312) |
| IX | 3*d* | Friday, feast of St. Michael, 6 Edw. II (29 Sept. 1312) |
| | | Almost all of membrane 4, which presumably contained the court held on St. Lucy's Day, 13 December 1312 (referred to twelve months later), and further courts in the spring, summer and autumn of 1313, has been cut out. |
| X | 5 | Thursday, feast of St. Lucy, 7 Edw. II (13 Dec. 1313) Includes leet. |
| XI | 5 | Thursday after Pentecost, 7 Edw. II (23 May 1314) |
| XII | 5*d* | Tuesday after St. James, 8 Edw. II (31 July 1314) |
| XIII | 5*d* | Tuesday after St. Matthew, 8 Edw. II (23 Sept. 1314) |

| | | |
|---|---|---|
| XIV | 6 | Tuesday after St. Lucy, 8 Edw. II (17 Dec. 1314). Includes leet. |
| XV | 6 - 6*d* | Wednesday morrow of St. Botolph, 8 Edw. II (18 June 1315) |
| XVI | 6*d* | Tuesday after St. Matthew, 9 Edw. II (23 Sept. 1315) |
| XVII | 7 | Monday after St. Lucy, 9 Edw. II (15 Dec. 1315). Includes leet. |
| XVIII | 7 - 7*d* | Friday after St. Mathias, 9 Edw. II (27 Feb. 1316) |
| | | 7½ years missing. The bishop's year which had been given in addition to the regnal year in dates hitherto is not given in subsequent surviving court rolls. |
| XIX | 8 | Thursday after Translation of St. Etheldreda, 17 Edw. II (20 Oct. 1323) |
| XX | 8 | Thursday after Conception BVM, 17 Edw. II (13 Dec. 1323). Includes leet. |
| XXI | 8*d* | Tuesday after Nativity of St. John Baptist, 17 Edw. II (26 June 1324) |
| XXII | 8*d* | Tuesday before St. Peter ad vincula, 18 Edw. II (31 July 1324). Essoins only. |
| XXIII | 9 | Monday after St. Denis, 18 Edw. II (15 Oct. 1324) |
| XXIV | 9 | Wednesday before St. Thomas, 18 Edw. II (19 Dec. 1324). Includes leet. |
| XXV | 9*d* | Thursday after St. John before Latin Gate, 18 Edw. II (9 May 1325) |
| XXVI | 9*d* | Tuesday after St. Matthew, 19 Edw. II (24 Sept. 1325) |
| XXVII | 10 | Monday after St. Lucy, 19 Edw. II (16 Dec. 1325). Includes leet. |
| XXVIII | 10 | Tuesday after Conversion of St. Paul, 19 Edw. II (28 Jan. 1326) |
| XXIX | 10 | Tuesday after St. Mark, 19 Edw. II (29 April 1326) |
| XXX | 10 - 10*d* | Wednesday after St. Bartholomew, 20 Edw. II (27 Aug. 1326) |
| XXXI | 11 | Thursday after St. Andrew, 20 Edw. II (4 Dec. 1326) Includes leet. |

| | | |
|---|---|---|
| XXXII | 11 | Thursday after St. Scholastica (12 Feb. 1327). No regnal year given; Edward II had been deposed on 20 Jan. and Edward III proclaimed on the 25th. |
| XXXIII | 11*d* | Wednesday Eve of Ascension, 1 Edw. III (20 May 1327) |
| XXXIV | 11*d* | Tuesday morrow of St. Laurence, 1 Edw. III (11 Aug. 1327) |
| XXXV | 11*d* | Friday after St. Matthew, 1 Edw. III (25 Sept. 1327) |

# THE DOWNHAM COURT ROLL

*ELY DIOCESAN RECORDS C/11/1*

# I

## Court with By-law administration, 17 August 1310

*Homage to the new lord of the manor and payment by the jurors of recognition money. Presentments for default of suit of court. Tenure of a fishery. Action for dowry brought by Agnes, wife of Nicholas, the reeve's son.*

[*membrane* 1]

Donham. Curia cum Ordinatione del Bilawe tenta ibidem die Lune proxima post festum Assumptionis[1] Beate Marie anno regni Regis Edwardi quarto et confirmationis Johannis electi primo.

**1** (Essonia) [blank]

**2** (Recognitus est 1 s.)[2] Totum homagium dant domini electo pro recognitione. Requisitus si dare non debet lx s. sicut in vacatione, et dicunt in periculo suo quod non vero tantum l s.[3] Et fecerunt homagium et fidelitatem et juramentum. Robertus Sartere, Willelmus Persoun, Ricardus Kede et Galfridus Scot honerati sunt ad dictos quinquaginta solidos levandi.

---

[1] Written above *Nativitatis* by way of correction.
[2] An *x* after *l* has been erased.
[3] See M. Howell, *Regalian Right in Medieval England* (1962), pp 124–8, for these recognitions or tallages during episcopal vacancies.

**3** (Defalta) xij juratores presentant quod Johannes de Wirham <iij d.>, Reginaldus Denever <vj d.>, prioratus elemosinarius, Willelmus Fysch <iij d.>, Nicholaus Branktre <iij d.>, Johannes Heir <pauper>, et magister hospitalis Sancti Johannis <vj d.> debent sectam et fecerunt defaltam. Ideo ipsi in misericordia et preceptum est ipsos ad faciend' fidelitatem etc.

**4** Mauricius atte Heth, Nicholaus de Donhamheth, Johannes Poute et Agnes Poute tenent unam piscariam inter Maneye et pontem de Coveneye pro vij s. per annum.

**5** Agnes uxor Nicholai filii prepositi petit ij acras et dimidiam terre ut dotem suam versus Radulfum Elyot. Et idem Radulfus dicit quod dicta Agnes dotata est de toto quod habere debet tribus annis elapsis. Ideo ponitur in respectu usque ad adventum ballivi.

## II

### Court and View of Frankpledge, 24 November 1310

*Presentments for bad work in the harvest, trespass in the lord's courtyard and park, false complaint, theft of sedges and malt, and for deceiving the steward. List of jurors. Customary fine to the lord of the manor. Presentments for assault, adultery, obstructing a drain, failing to repair the road and for cutting sedges and turves and selling them 'contrary to the rules'. Dismissal of incompetent hands from the mill. Presentments for bad gleaning and ploughing and for breach of the Assize of Ale. Admission to land at Downham Hythe. Presentments for non-attendance at the assize. Results of two inquests, one concerning the detaining of a box, the other concerning Agnes Kede's dowry claim.*

Dounham. Visus franciplegii ibidem die Martis proxima post festum Sancti Clementis anno regni Regis Edwardi quarto et pontificatus domini Johannis de Ketene primo.

**6** Omnes subscripti fecerunt transgressiones in campis in blado domini male colligendo stoccando et ligando videlicet

| | |
|---|---|
| (m iij d.) Ricardus Elyot | (m iij d.) Robertus Buk |
| (m iij d.) Johannes Faber | (m iij d.) Willelmus Aufrey |
| (m iij d.) Nicholaus Aufrey | (m iij d.) Simon Godhewen |
| (m iij d.) Simon Kede | (m iij d.) Robertus Moryce |

(m iij d.) Alanus Writte       (m iij d.) Johannes Cok
(m iij d.) Johannes Man       (m iij d.) Adam filius Philippi
(m iij d.) Cecilia Bachoke       (m iij d.) Isabella uxor Clementis
(m iij d.) Radulfus Elyot

**7** (m iij d.) Clemens Braciator fecit transgressionem cum porcis suis in curia domini. Ideo ipse in misericordia.
(m iij d.) Johannes Scut pro eodem. m iij d. Robert Hasteler pro eodem.

**8** (m iij d.) Compertum est per inquisitionem Willelmus Pore non asportavit ij$^M$ lesch et dimidiam. Henrico filio prepositi sicut de eo conqueritur. Ideo ipse Henricus in misericordia.

**9** (m iij d.) Adam filius Philippi fatetur se teneri Nicholao Prat in xij$^M$ lesch. Ideo ipse illum recuperat et in misericordia. Plegius [*blank*].

**10** (m iij d.) Willelmus Buntyng pro transgressione facto in parco domini.

**11** (m iij d.) Adam filius Philippi fatetur se teneri Simoni filii Nicholai Aufrey in dimidia quaterio brasei que curia considerat etc. Et ipse in misericordia. Plegius Johannes Faber.

**12** (m iij d.) De Nichole Prat pro contemptu facto senescallo mentiendo de Ada filio Philippi.
(m iij d.) De predicto Ada filio Philippi pro eodem.

**13** xij juratores

| | |
|---|---|
| Johannes Sauser | Adam Pope |
| Willelmus Cardynal | Simon Starling |
| Johannes Cok | Johannes Stout |
| Mauricius Attheth | Robertus Cartere |
| Philippus Lovechyld | Ricardus Kede |
| Radulfus Elyot | Johannes Rote |

(finis dimidiam marcam) Presentatum est quod dant domino de antiqua consuetudine dimidiam marcam.

**14** (m vj d.) Item presentatum est quod Willelmus Feser traxit sanguinem de Hugo Dukat noctanter injuste. Ideo etc. Per plegium Simonis Cardynal, Simonis Stralyng.

19

**15** (finis vj d.) Item presentatum est quod Thomas garcio Roberti nepotis episcopi mortui fecit letherwytam cum Casse atte Heth filia Simonis.[4]
 (finis vj d.) Agnes filia Henrici filii Ivonis fecit letherwytam.

**16** (m iij d. preceptum est) Petrus Cocus obstructavit quamdam gutteram ad nocumentum etc. Ideo etc.
 (m iij d.) Johannes Hayt non wlt emendare regiam viam ex opposito domus sue ad nocumentum transeuntium.

**17** Falcandum et vendendum lesch contra statutum et turbas:
 (m vj d.) Simon Moryce vendidit iij$^C$ lesch.
 (m iij d.) Simon Morice vendidit di$^M$ turbas.
 (m iij d.) Johannes Smerles vendidit di$^M$ turbas.

**18** (m vj d.) Simon filius Mabile est communis destructor marisci.
 (m vj d.) Johannes Man pro eodem.
 (m vj d.) Willelmus Buntyng pro eodem.
 (m vj d.) Nicholaus Aumfrey pro eodem.
 (m vj d.) Adam filius Philippi pro eodem.
 (m vj d.) Willelmus Fesere pro eodem.

**19** (Preceptum est) Item presentatum est garciones molendini non sunt apti ad essendum in molendino. Ideo ammoveantur etc., et pascunt porcos cum farina et blado.

**20** De male glanantibus in autumpno:
 (m vj d.) uxor Willelmi Fesere
 (m vj d.) Casse Wodeward
 (m vj d.) Johannes [?]Trifle
 (m vj d.) Agnes Dromideys
 (m vj d.) Simon filius prepositi cariavit male.

**21** Braciatrices contra assisam:
 (m vj d.) Matilla Cok
 (m. condonata) Anota Breustere
 (m vj d. per ballivum) uxor Roberti Hasteler
 (m vj d.) Simon filius prepositi
 (m vj d.) Agnes[5] Wrytte
 (m. condonata) uxor Simonis Cardinal
 (m vj d.) uxor Johannis Sauser
 (m iij d.) Beatrix Bok
 (m. condonata) uxor Willelmi Stoneye
 (m vj d.) uxor Roberti Faber

---

[4] Written above *Agnete filia Henrici* deleted.
[5] Written above *Alicia* deleted.

(Gannoxatrices)

| | |
|---|---|
| (m vj d.) Amy Lavendere | (m vj d.) Cecilia Bachoke |
| (m vj d.) Ibbota Woodward | (m vj d.) Casse Woodward |
| (m vj d.) Agnes Pelham | |

**22** (gersuma vj d.) Cassandra atte Hythe sursum reddit unam placeam contentam in longitudine unam rodam et unam rodam in latitudine apud Dounhamhyth ad opus Thome de Lecton qui venit et illud de domino recepit tenendum per servicium et consuetudines quas ad illam pertinent. Et dat pro ingressu vi d. et fecit fidelitatem etc.

**23** (m iij d.) Ricardus Elyot quia non venit ad assisam domini sicut summonitus fuit.

| | |
|---|---|
| (m iij d.) Ricardus Kede pro eodem | (m iij d.) Robertus Buk |
| (m iij d.) Johannes Cok | (m iij d.) Willelmus Aufrey |
| (m iij d.) Adam filius Philippi | (m iij d.) Simon Buk |
| (m iij d.) Simon Aleyn | (m iij d.) Johannes Kebbe |
| (m iij d.) Johannes Sauser | (m iij d.) Willelmus Person |
| (m iij d.) Simon Gidhewen | (Condonatus) Simon Cardynal |
| | |
| (m iij d.) Alanus Wrytte | (m iij d.) Simon Fox |
| (m iij d.) Johannes Faber | (m iij d.) Johannes Man |
| (m iij d.) Johannes Scot | (m iij d.) Johannes Rote |
| (m iij d.) Simon Kede | (m iij d.) Robertus Moryce |
| (m iij d.) Simon Starlyn | (m iij d. Condonatus) Robertus Cartere[6] |

**24** (dampna partii iij d. m iij d.) Compertum est per inquisitionem quod Simon Starlyng injuste detinuit Johanne Hayt unam cistam pretii xij d. ad dampnum suum taxatam ad iij d. quos curia etc. Et ipse in misericordia.

**25** (m iij d.) Compertum est per inquisitionem quod Agnes Kede non debet habere dotem de quattuor acras quas petit versus Radulfum Elyot quia juratores dicunt quod conventio fuit inter predictam Agnetem et dictum Radulfum quod eadem Agnes haberet et teneret dimidiam acram libere pro toto jure suo. Ideo ipsa nichil capiet sed sit in misericordia pro falso clamore etc.[7]

**26** Summa Lete: xxxiij s. ij d.

---

[6] A further amercement, of 3d. for Simon Pope, has been crossed out.
[7] See item **5**.

# III

## Court, 25 February 1311

*One essoin. Three requests for leave to agree. Amercement from Adam the chaplain for false complaint against Robert Allen and for his 'great offence' against Robert's wife. Admissions by Adam son of Philip of withholding a thousand sedges from Ralph Bolay and of holding 12s. 10d. from Nicholas Prat who had been his pledge for damages. Orders made for repayment. William Poute admitted to a half land. Admission by John Man that he, too, was withholding a thousand sedges from Ralph Bolay. Order to repay. Admissions to a house and to a plot of land. Admission by John Man that he was also withholding from John Albyn five hundred sedges: order to repay. Adjournment of a plea of trespass. Amercement and damages paid for assault. Presentments for adultery and for sale of sedges outside the vill. Oath by jurors to obtain information about the cutting of sedges in the park. Amercement paid by the widow Agnes Kede for her false claim for dowry (see items 5, 25).*

[*membrane* 1d]

Dounham Curia tenta ibidem die Jovis in crastino Cynerum anno regno Regis Edwardi quarto et pontificatus domini Johannis de Ketene episcopi primo.

**27**  (Essonia) <condonati sunt> Willelmus Buntyng versus Petrum Gille de placito transgressionis per Clementem Braciator. Affadvit — primo.

**28**  (m iij d.) De Ada filio Philippi pro licencia concordandi cum Galfrido Scout in placito transgressionis. Plegius messor.

　　(m iij d.) De Simone Cardinal juniore pro licencia concordandi cum Javyn Attepersones in placito transgressionis. Plegius messor.

　　(m iij d.) De Johanne Man pro licencia concordandi cum Roberto Cartere in placito debiti. Plegius messor.

**29**  (m vj d.) De Ada capellano pro enormi transgressione facta uxori Roberti Aleyn et pro falso clamore suo versus predictum Robertum etc.

**30** (Cognitio m iij d.) Adam filius Philippi fatetur se teneri Radulfo Bolay in uno mille lesch' quod ei injuste detenuit per unum annum ad dampnum suum xij d. quos curia etc. Et ipse in misericordia. Plegius Philippus Lovechild ad solvendum ad festum Sancti Johannis Baptisti.

**30a** (Cognitio. Dampnum querentem ij s. m iij d.) Adam filius Philippi fatetur se teneri Nicholao Prat in xij s. x d. quos idem Nicholaus solvit pro ipso quia devenit plegium dicti Ade ad dampnum suum taxatum ad ij solidos quos curia considerat quod ipse recuperet etc. Et ipse Adam in misericordia etc. Plegius dicti Ade, Philippus Lovechild et habet diem ad solvendum citra Pasch.

**31** (Gersuma vj s. viij den.) Agnes Poute et Johannes filius eius venerunt et sursum reddeunt in manum domini unam dimidiam terre in Dounham ad opus Willelmi Poute filii dicte Agnetis qui venit et illam de domino recepit tenendum per servitium et consuetudines quas ad illam terram pertinent. Et dat domino pro ingressu dimidiam marcam. Plegii messor et Simon Pope. Et pro ista sursum redditione idem Willelmus concessit quod dicta Agnes mater eius rehabeat et teneat dictam terram tota vita dicte Agnetis. Et post decessum eiusdem Agnetis illa terra revertere debet dicto Willelmo tenenda ut supradictum est etc. Et habet diem ad solvendum medietatem ad Annunciationem et aliam medietatem ad festum Sancti Johannis Baptisti et juramentum et fecit fidelitatem, etc.

**32** (Cognitio m iij d.) Johannes Man fatetur se teneri Radulfo Bolay in uno mille lesch et iij$^c$ quos ei injuste detinet ad dampnum suum taxatum ad xij d. et quos curia etc. Et ipse in misericordia. Plegii Philippus Lovechild et Galfridus Scot solvendum ad festum Sancti Johannis Baptisti etc.

**33** (Gersuma iij s. Nommus redditus j d.) Ricardus le Flechere venit et sursum reddit unam placeam edificatam ad opus Johannis Attepersonnes qui venit et illud de domino recepit tenendum sibi et heredibus suis per servicium unius denarii redditus per annum domino solvendum. Et dat domino pro ingressu iij s. et juramentum et fecit fidelitatem.

**34** (Gersuma xij d. nommus redditus obolus) Simon Pope venit et sursum reddit unam placeam vacuam ad capud predicte placee edificate que continet in longitudine tres rodas et in latitudine j rodam et dimidiam ad opus predicti Johannis Attepersonnes qui venit et illam de domino recepit tenendum per servicium unius oboli per annum ad opus domini etc. Et juramentum etc. Et dat domino pro ingressu xij d. etc.

**35** (Cognitio. Dampnum iij d. m iij d.) Johannes le Man fatetur se teneri Johanne Albyn de Lytleporth in uno dimidio mille lesch' qui ei injuste detinuit ad dampnum suum iij d. quos curia considerat etc. et ipse in misericordia. Plegii Philippus Lovechild et Galfridus Scot et habet diem ad solvendum ad festum Sancti Johannis Baptisti.

**36** (in respectum) Loquela inter Clementem Braciator et Aliciam uxorem eius et Thomam Pope in placito transgressionis usque proximam curiam etc.

**37** (dampna partii ij s. m iiij d.) Willelmus Buntyng dat Petro Gille ij s. pro transgressione qua facit eidem Willelmo ipsum verberando et male tractando. Et pro transgressione in misericordia. Plegii Johannes Fox et Simon Cardynal etc.

**38** (finis) xij jurati presentant quod Alicia filia Amicie fecit letherwytam. Ideo in misericordia. Plegius Simon Pope.

**39** (Leschia xj s.) Simon Cardynal vendidit contra statutum iiij$^{Ml}$ leschie extra villata. Ideo etc.
    (vj d.) Nicholaus Aumfrey vendidit j$^{Ml}$ leschie.
    (vj d.) Simon Starlyng j$^{M}$ leschie.
    (iij d.) Mauricius atte Hethe di$^{M}$.
    (vj d.) Reginaldus Smereles j$^{M}$.
    (iij d.) Johannes Smereles di$^{M}$.
    (ij d.) Johannes Poute custos leschie iij$^{C}$.

**40** (Turbe) (ix d.) Mauricius Atteheth iij$^{M}$ turbe.
    (j d. ob.) Nicholaus Ofthehethe di$^{M}$.
    (iij d.) Reginaldus Smereles j$^{M}$.
    (j d. ob.) Thomas garcio Roberti di$^{M}$.
    (jd. ob.) Johannes Poute di$^{M}$.

**41** (respectum) Iniunctum est xij juratores quod certificent ballivi ad proximam curiam qui sunt illi qui falcant leschiam infra bundas parci de Donham et quod hoc non omittant etc.

**42** Summa Curie xviij s. ix d. ob.

**43** Memorandum de dote vidue in fine istius rotuli infra.[8]

---

[8]  In a different ink. A note referring to the last case of the previous court (item **25**) at the end of the other side of the membrane. Also written on the very edge of the membrane, inverted (so it may be read when rolled up) is the total of the previous court, 33s. 2d.

# IV

## Court, 1 July 1311

*Three essoins, of which one rejected. Request for leave to agree. Order to attach defendants in a plea of trespass. Admission to a river-meadow. Acknowledgement of debt for sedges. Amercement of pledges for failing to produce a defendant and order for a better pledge. Amercements for contempt and for breach of agreement. Fine for leave to marry. Result of inquest concerning damage to crops with pigs. Presentments for cutting fodder on the common before the permitted day, selling sedges and turves, cutting neighbours' grass and crops, damage to the lord's meadow with sheep and to the fen with a cart, and for default. Order to attach a defendant. Presentment for theft of a bush and an order to attach for a theft of brushwood. Presentment for grazing the park without leave. Election of Wardens of the By-law and description of their duties. Sums received for agistment in the park.*

[*membrane* 2]

Dounham. Curia ibidem die Jovis proxima post festum apostolorum Petri et Pauli anno regni Regis Edwardi quarto et pontificatus J[ohannis] de Ketene primo.

**44** [Essonia] Adam de Leverington capellanus versus Thomam le Warenner de placito transgressionis — per Henricum le Clerk, primo. Affidavit super sacramentum[9] Hoge[10] de Denever versus Clementem Breustere de placito transgressionis — per Ricardum Kede.

Henricus Corner versus Radulfum Russel de placito transgressionis — per Galfridum Fabrum et R[adulfus] optulit se. Affidavit super sacramentum.

**45** (m iij. d.) De Thome Pope pro licencia concordandi cum Clemente le Breustere et Alicia uxore de placito transgressionis. Per plegium Simonis Pope.

---

[9] This phrase appears once on the right hand side of the membrane with braces to the first and third essoins.

[10] The curious name *Hoge,* evidently an error for Roger, is struck through and there is the following note in the margin: *non jacet quia non habet talem nominem.*

**46** (preceptum est) Ricardus le Flechere queritur de Radulfo le Gayte et Cecilia uxore eius de placito transgressionis. Plegii de prosequendo Simon Cardinal junior et Radulfus Elyot. Ideo preceptum est attachiare predictos Radulfum et Ceciliam quod fuerint hic ad proximam curiam ad respondendum eidem Ricardo etc.

**47** (finis vj d.) Juliana le Gardener sursum reddit in manum domini unum holmum de villenagio domini jacentem inter holmum Simonis Cardinel ex una parte et holmum Simonis Pope ad opus eiusdem Simonis Pope, qui venit et dictum holmum cepit tenendum ad voluntatem domini in villenagium secundum consuetudinem manerii per consuetudines et servicia inde debita et consueta. Et dat domino pro ingressu inde habendo vj d. Plegius messor.

**48** (Cognitio) Johannes le Man cognovit se teneri Johanni Batayle in uno mille lesch' solvendum eidem Johanni ad festum sancti Michaelis nunc proximum futurum et cariare faciet usque Oxeweln. Per plegium Philippi Lovechild, Galfridi Scot et Ricardi Kede cum aliis tenementorum tenentibus suis etc.

**49** (m vj d. preceptum est) Clemens le Breustere querens optulit se versus Rogerum de Denever de placito transgressionis qui attachiatus fuit per Ricardum Kede et Philippum <Lovechild> qui exactus est et non venit. Ideo dicti plegii quia non habent in misericordia. Et preceptum est ponere dictum Rogerum per meliorem plegium.

**50** (m iij d.) De Galfrido Scut pro contemptu.

**51** (m iij d.) De Henrico filio prepositi pro falso clamore versus Simonem Starling de placito conventionis.

**52** (Finis xij d.) Ricardus Cok nativus domini dat domino xij d. pro licencia habenda maritandi Matildam filiam suam Roberto filio Galfridi le Charpenter. Per plegium Simonis Pope.

**53** (m iij d.) Compertum est per inquisitionem quod porcelli Johanni Rote fecerunt dampnum in bladis Margarete Red ad dampnum suum taxatum ad ij d. quos curia considerat etc. Et predictus Johannes pro transgresssione in misericordia. Plegius messor et preceptum est levare etc.

**54** (m xij d.) Juratores presentant quod Willelmus de Stoneye falcavit foragium in communi ante festum Nativitatis Sancti Johannis Baptiste contra communem considerationem etc.
(m vj d.) Johannes Child fecit similiter.
(m vj d.) Willelmus Aunfrey fecit similiter.

(m ij s.) Galfridus Scut fecit similiter.
(xij d.) Robertus Faber similiter.
(vj d.) Simon filius Nicholai Aunfrey.
(vj d.) Nicholaus Branketre similiter.
(xij d.) Willelmus Fisher similiter.
(vj d.) Galfridus Faber.
(vj d.) Johannes Sauser similiter.

**55** (m xij d.) Et quod Simon Cardinal vendidit ij$^{Ml}$ lesch
(m vj d.) Johannes Cok M$^l$.
(iij d.) Simon Morice D lesch.
(iij d.) Agnes Poute D lesch.
(iij d.) Johannes Smerles D.

**56** (iiij d. ob.) Presentant quod Simon Morice vendidit M$^l$D turbas etc.
(iij d.) Mauricius atte Hethe M$^l$ turbas.
(j d. ob.) Johannes Smerles D turbas etc.

**57** (vj d.) Et quod Simon Cardinal subtraxit se de secta molendini. Ideo ipse in misericordia.

**58** (ij d.) Et quod uxor Nicholai Branketre messuit herbam in prato vicinorum etc. Ideo etc.
(ij d.) Et quod uxor Ade filii Willelmi fecit similiter.
(iij d.) Et quod Willelmus Bunting emilsit vesses in alienis bladis[11] Ideo etc.
(ij d.) Uxor Johannis Rote fecit similiter.

**59** (xij d.) Et quod Willelmus le Messer fecit dampna in pratum domini cum bidentibus suis. Ideo ipse etc.

**60** (ij d.) De Ada filio Philippi atte Hethe pro defecto.
(ij d.) De Willelmo Bunting pro eodem.

**61** (vj d.) De Johanne Howet quia ivit cum carecta sua per medium parcum in marisco sine licencia.
(vj d.) De Thome filio prepositi pro eodem.
(vj d.) De Willelmo Alred pro eodem.
(vj d.) De Johanne Alberd pro eodem.
(vj d.) De Willelmo Persoun pro eodem.
(vj d.) De Roberto Cupere pro eodem.
(vj d.) De Johanne Climme pro eodem.
(xij d.) De Simone Cardinal.

---

[11] Amended from *messuit herbam in alienis partis*.

27

(vj d.) De Simone Starling pro eodem.
(vj d.) De Benedicto Hendeman pro eodem.
(vj d.) De Henrico filio prepositi pro eodem.
(vj d.) De Radulfo Eliot pro eodem.
(vj d.) De Roberto Cartere pro eodem.[12]

**62** (preceptum est) Preceptum est attachiare molendarium quod sit ad proximam curiam ad respondendum Simoni Cardinal de placito trans-gressionis.

**63** (iij d.) Warrenarius presentat quod Mauricius atte Hethe recetterit unam spinam asportatam extra parcum domini quam dedicare non potuit. Ideo ipse etc.

(preceptum est) Et quod Johannes Smerles fecit dampnum in parco asportando boscum ultra sepes parci. Ideo preceptum est attachiare ipsum quod sit ad proximam curiam etc. inde responsurus etc.

**64** (iij d.) Et quod Mauricius atte Hethe posuit j jumentum et j pullanum in parco sine licencia. Et prepositus testatur quod precepit ei hoc facere.
vj d. Et quod Simon Cardinal fecit similiter.
iij d. Willelmus de Stoneye pro eodem.

(iij d.) Et quod Johannes le Child abducit extra parcum ultra sepes ij pullanos etc.

(iij d.) Et quod Radulfus le Chaumberlen posuit in parcum sine licencia j pullanum.

**65** Willelmus Persoun, Johannes Sauser, Johannes Rote, Radulfus Eliot, Simon Starling, Robertus le Cartere, Simon Cardinal, Simon Pope, Ricardus Kede electi sunt per totum homagium ad custodiendum ordinationes factas in curia pro bladis et pratis domini et aliorum salvare et de mariscis et turbariis et de transgressoribus contra predictas ordinationes ad proximam curiam presentare.

**66** Summa curie xxv s. iiij d.[13]

Afferatores { Robertus Cartere / Willelmus Persoun } Juratores

---

[12] In three equal columns in the roll printed here in sequence.
[13] Corrected from *xxiiij s. viij d. ob.* deleted.

**67** Memorandum de ix jumentis et afris pasturantibus in parco iiij s. vj d., pro caponis vj d., et pro xij pullanis iiij s., et pro xij bovettis etatis ij annorum iij s., et pro xvij vitulis straminatis iij s. vj d. ob. De herbagio vendendo et separatis agnis x s. ij d. Summa xxv s. ij d. ob.

# V

## Court, 22 September 1311

*Amercement of the four witnesses of Roger of Denver who was attached to appear four-handed in a plea but who did not come. Inquest ordered. Amercements for offences in the park and concerning the harvest. Four requests for leave to agree. Complaint by Clement the brewster and his wife concerning slander by William le Fesere, who was amerced. Acknowledgement by Adam the son of Philip of keeping a thousand sedges from Ralph Bolay: fines paid by Ralph for help in obtaining payment of this debt and of the debt owed by John Man. Amercement for slander 'in full court'. Fine paid for permission to make a boundary dividing land from neighbour's: inquest ordered. Order to attach a defendant. Presentments for offences concerning the folding of sheep. Fine on request for inquest concerning the transfer of land without leave. Presentments for damage to meadow with tethered mares and foals. Complaint of hitting a piglet: inquest concerning damage.*

[*membrane* 2d]

Dounham. Curia ibidem die Martis proxima post festum Sancti Matthei Ewangeliste anno regni Regis Edwardi quinto et pontificatus domini J[ohannis] de Ketene secundo incipiente.

**68** (Essonia) Ricardus le Flecher queritur versus Radulfum le Gayte et Ceciliam uxorem eius de placito transgressionis per Simonem Cardinal — Primo. Affidavit.

**69** (m xij d. preceptum est) Clemens le Breustere optulit se versus Rogerum de Denever de placito transgressionis qui attachiatus fuit per quattuor manus videlicet Willelmus de Stoneye, Willelmus le Messer, Johannes de Grantesdun, et Johannes le Clerk et non venit. Ideo ipsi in misericordia. Et preceptum est ut prius.

**70** (m ij d.) De Johanne Smerles pro transgressione facta in parco domini. Plegius Willelmus Persoun.

**71** (m iij d.) De Johanne Cok quia non bene messuit bladum domini Plegius Willelmus de Stoneye.

(m iij d.) De Willelmus Aunfrey pro eodem. Plegius messor.

(m iij d.) De Ada filio Philippi pro eodem.

(m iij d.) De Simone Buk pro eodem.

(m iij d.) De Avicia atte Hethe pro eodem.

(m iij d.) De Johanne Man pro eodem Plegius messor.

(m iij d.) De Galfrido Scut pro eodem.

(m iij d.) De Radulfo Elyot pro eodem.

**72** (m vj d.) De Simone Cardinal juniore pro licencia concordandi cum Clemente le Breustere de placito transgressionis. Plegius Robertus Aleyn.

**73** (m vj d.) Alicia uxor Clementis le Breustere <similiter cum viro suo> queritur de Willelmo le Fesere de placito transgressionis quare die mercurii proxima post festum Sancti Jacobi apostoli ultimo preterito ipsam defamavit imponendo ei quod Proude Hugo eam cognovisse debuisset ad dampnum suum etc. que postea in plena curia solempnitur sub tertia manu se purgavit quod inde erat immunis per quod consideratum est quod predictus Willelmus pro transgressione in misericordia et dampna sua taxantur ad iij d. Plegius Johannes Rote.

**74** (Condonatur) De Clemente le Brazeur pro licencia concordandi cum Alicia Morice in placito transgressionis. Plegius Simon Pope.

(iij d.) De Ada de Levington capellano pro licencia concordandi cum Thoma le Wariner de placito transgressionis. Plegius Clemens Breustere.

**75** (m iiij d. preceptum est) Philippus Lovechild et Robertus Buk cognoverunt se teneri Roberto le Chareter de Lytleport in viij s. quos eidem solvisse debuerunt ad festum Nativitatis Sancti Johannis Baptisti ultimo preterito. Et predicti Robertus et Philippus pro nota detentione in misericordia. Et preceptum est etc.

**76** (m iiij d.) De Simone le Messer pro licencia concordandi cum Petro Aunfrey in placito transgressionis. Plegius Simon Pope.

**77** (finis ij s.) Adam filius Philippi cognovit se teneri Radulfo Bolay in uno mille lesch' ad dampnum dicti Radulfi xij d. quos versus eum recuperavit ad <curiam precedentem> etc. Et predictus Radulfus dat domino de dicto debito pro auxilio ad dictum debitum levandum ij s. Et ideo preceptum est levare etc. Et si leschiam solvere nequat tunc solvat pro predicta lesch ix s.

**78** (finis ij s.) Radulfus Bolay dat domino ij s. pro auxilio habendo ad levandum M$^l$CCC lesch de Johanne Man quam versus eum recuperavit ad ultimam letam. Plegii Philippus Lovechild et Galfridus Scot et dampnum suum taxatum ad xij d. Ideo preceptum est levare dictum debitum de predicto Johanne et plegiis suis similiter cum dampno. Et si dampnum lesch solvere nequat tunc pro predictis M$^l$CCC lesch solvat xj s. x d.[14]

**79** (m ij d.) Henricus Corner pro contemptu maledicendo adversarium suum in plena curia.

**80** (finis vj d.) Clemens le Breustere dat domino vj d. pro divisis ponendis inter ipsum et Simonem le Cardinel juniorem. Et preceptum est xij juratores etc.

**81** (preceptum est) Robertus Morice queritur de Hugo Hockele de placito transgressionis per plegios Willelmi de Stoneye, Galfridi Faber. Ideo preceptum est attachiare dictum Hugonem quod sit etc.

**82** (condonatur) Juratores presentant quod Simon Pope tenet x bidentes Petri Coci extra faldam domini. Plegius Simon Cardinal.

(iij d.) Item quod Simon Cardinal habet de bidentes Nicholai bercarii extra falldam domini. Plegius Simon Pope.

(iij d.) Item Willelmus de Stoneye similiter. Plegius Willelmus Persoun.

(condonatur) Item Willelmus de Persoun similiter x bidentes. Plegius Willelmus Stoneye.

(iiij d.) Item Simon Buk similiter x bidentes. Plegius messor.

(xij d.) Item dicunt quod Galfridus Scut tenet unam faldam qui non est tenens terre. Plegius Ricardus Kede. Et preceptum est prosternere et oves in falda ducere.

**83** (finis xij d.) Et quod Simon Aleyn dimisit v acras de villenagio Willelmo de Stoneye extra curia sine licencia ad terminum vite. Et postea idem Simon concessit eidem Willelmo iiij acras seminatas ad campipartem et metendum et ligandum sumptibus eiusdem Willelmi ad terminum vite ipsius Simonis et unam acram per idem tempus pro opere et consuetudinibus dictarum v acrarum versus dominum defendere. Et dat domino pro dicta convencione tenendo in forma predicta xij d.

**84** (ij d.) Et quod Ricardus Kede ligavit jumentum suum cum pullano alligato juxta prata et bladum dampnum fecit.

(ij d.) Et quod Robertus Buck j jumentum cum pullanam similiter.

(ij d.) Et quod Galfridus Scut habuit i jumentum cum pullanam similiter.

---

[14]  See item **32**.

31

(ij d.) De Philippo Lovechild pro eodem.
(ij d.) Et quod Simon Buk similiter.
(ij d.) Et quod Simon filius Mabili similiter.
(ij d.) Et quod Nicholaus Aunfrey fecit similiter.
(ij d.) Et quod Galfridus Scot fecit similiter.
(ij d.) Et quod Nicholaus Scot fecit similiter.[15]

**85** (condonatur) Simon Cardinel junior queritur de Henrico Corner de placito transgressionis. Plegii de prosequendo Willelmus de Stoneye, Simon Pope. Plegii ad respondendum Radulfus Eliot et Willelmus Persoun. Postea compertum est per inquisitionem percussit porcellum ad dampnum suum j d. quem curia considerat etc. Et predictus Henricus pro transgressione in misericordia.

**86** Summa xiij s.

Afferatores { Willelmus Persoun
Robertus le Chareter } Juratores

# VI

## Court and Leet, 9 November 1311

*Five requests for leave to agree. Amercement for theft of sedges from a rick. Result of inquest ordered by last court concerning Roger of Denver, now amerced for damage in Clement the brewster's crops. Amercement for false complaint. Admission of debt for turves and sedges: order for payment. Order to distrain holders of land who had failed to do fealty. List of jurors. Common fine. Presentments for default of suit, for causing nuisance with dung-heaps on the highway and by stopping water-courses and by neglecting to maintain a causeway; for encroachment in the common meadow and for selling sedges and turves contrary to the rules; for harbouring strangers and for tithing offences, for false hue and cry and for breaking the Assize of Ale. Election of an ale-taster.*

---

[15] On the right hand side of the membrane is the note *Plegii alter alterium* with pointers to Robert Buck and Nicholas Scot.

[*membrane* 3]

Dounham. Curia et Leta ibidem die Martis proximo post festum Sancti Leonardi anno regni Regis Edwardi filii Regis Edwardi quinto et pontificatus domini J[ohannis] de Ketene secundo.

Per R. de Maddingle senescallum.

**87**   (m iij d.) De Simone Cardinel juniore pro licencia concordandi cum Josep Bercario de placito transgressionis. Per plegios Willelmi de Stoneye et messoris.

De eodem Simone pro licencia concordandi cum Ricardo Elyot de placito transgressionis. Per plegios Willelmi Persoun et Clementis Braciator.

(m iij d.) De Nicholao de Branketre pro licencia concordandi cum Henrico famulo Matilde de la Berton de placito transgressionis. Per plegios Simonis Buk et Willelmi de Stoneye.

(m iij d.) De Johanne Poute et Agnete matre eius pro licencia concordandi cum Simone Waryn de placito transgressionis. Per plegium Willelmi de Stoneye.

**88**   (m iij d.) De Willelmo Bonting quia fregit tassum Ade filii Philippi in marisco existens et asportavit j mille et D lesch ad dampnum ix d. prout compertum est per confessionem eiusdem Willelmi in curiam emissam quos curia considerat etc. Et dictus Willelmus pro transgressionibus in misericordia. Plegii Simon Cardinal et Willelmus de Stoneye.

**89**   (Condonatus est quia pauper) De Hugone de Hokkele pro licencia concordandi cum Roberto Morice de placito transgressionis. Plegii Willelmus Persoun et messor.

**90**   (m xij d.) Compertum est per inquisitionem quod Rogerus de Denever fecit dampnum in blado et herbagio Clementis Braciator in Bele ad valentiam vj d. quos curia considerat quod recuperet. Et dictus Rogerus pro transgressione in misericordia. Plegius messor etc.

**91**   (Condonatus) De Rogero Cake et plegiis suis videlicet Rogero Denever et Willelmo de Stoneye quia non ter presentant versus Johannem le Man de placito debiti.

**92**   (iij d.) De Willelmo Bontyng pro falso clamore versus Adam atte Hith de placito debiti. Per plegios Simonis de Carleton et messoris.

**93**   (iij d. preceptum est) Adam atte Hith cognovit se teneri Rogero Cake in D turbas et C lesch ad solvendum ad festum Sancti Petri ad vincula proximum futurum per plegium Simonis Cardinal junioris sub hac forma, quod liceat eidem Simone acquietare dictum Adam de turbis et leschiis predictis ubicumque etc. Et predictus Adam pro injusta detentione in misericordia, per plegios predicti etc.

**94** (preceptum est) Preceptum est distringere tenentes terrarum et tenementorum que fuerunt Simonis de la Berton in Dounham pro fidelitate et aliis serviciis domino faciendis.

Preceptum est distringere tenentes terrarum que fuerunt Clementis filii Johannis Folke pro eodem.

**95** xij juratores:

| | |
|---|---|
| Rogerus le Clerk | Johannes de Branketre |
| Simon Pope | Simon Starling |
| Simon Cardenal | Robertus le Carter |
| Willelmus Persoun | Johannes Rote |
| | |
| Johannes de Wirham | Willelmus Fichs |
| Johannes Cok | Johannes le Sauser |
| Ricardus Kede | Willelmus de Stoneye |
| Simon Buk | Thomas Pope[16] |

(finis dimidia marca) Qui dicunt super sacramentum suum quod tota villata dat de communi fine et antiqua consuetudine dimidiam marcam.

**96** (xij d.) Et quod Willelmus de Fresingfeld capellanus liber tenens debet sectam et facit defectum.

(ij s.) Et dicunt quod elemosinarius monasterii Elyensis debet sectam pro tenemento quondam Agnetis le Frankeleyn et facit defectum. Ideo etc.

(Condonatur per senescallum) Et quod magister hospitalis Sancti Johannis de Ely debet sectam pro tenemento perquisito de feodo domini ante statutum. Et facit defectum. Ideo etc.

**97** (xij d.) Et quod Rogerus Denever opstupavit quemdam cursum aque ad messuagium suum descendentem per quoddam fossatum ad nocumentum omnium transeuntium. Ideo ipse in misericordia. Et preceptum est quod emendet etc. Per plegios Simonis Cardinal et messoris.

(iij d.) Et quod Johannes Cok fecit purpresturam in regia via cum fimis suis. Ideo etc. Et preceptum est etc.

(iij d.) Et quod Galfridus Scot fecit purpresturam eodem modo in regia via. Ideo etc. Et preceptum est etc.

---

[16] In the roll four columns side by side, of which the last three are connected to one another by criss-cross braces; the first name in each column apparently added afterwards (hence there are sixteen, not twelve) and tied in with further lines.

(iij d.) Et quod Simon Buk fecit purpresturam eodem modo in regia via. Ideo etc. Et preceptum est etc.

(iij d.) Et quod Nicholaus Scut fecit purpresturam eodem modo in regia via. Ideo etc. Et preceptum est etc.

(iij d.) Et quod Alexander Virly fecit purpresturam eodem modo in regia via. Ideo etc. Et preceptum est etc.

(iij d.) Et quod Robertus le Hasteler fecit purpresturam eodem modo in regia via. Ideo etc. Et preceptum est etc.

(iij d.) Et quod Johnnes le Heyward fecit purpresturam eodem modo in regia via. Ideo etc. Et preceptum est etc.

(iij d.) Et quod Johannes Child fecit purpresturam eodem modo in regia via. Ideo etc. Et preceptum est etc.

(iij d.) Et quod Johannes le Brewester et Clemens Scot[17] opstupavit quemdam cursum aque contra messuagia sua ad nocumentum transeuntium. Ideo etc.

(iij d.) Et quod Johannes Pope fecit purpresturam cum fimis suis in regia via. Ideo etc. Et preceptum est etc.

(iij d.) Et quod Radulfus Elyot fecit purpresturam cum fimis suis. Ideo etc. Et preceptum est etc.

(iij d.) Et quod Simon Cardinal junior fecit purpresturam cum fimis suis. Ideo etc. Et preceptum est etc.

(Condonatus est) Et quod Petrus le Cok fecit eodem modo obstupandum quemdam cursum aque contra messuagium suum. Ideo etc. Et preceptum est etc.

**98**  (m xij d.) Et quod Johannes Poute <iij d.> Agnes Poute <iij d.> Moricius atte Hethe <condonatus pauper> Nicholaus atte Hethe <iij d.> Thomas atte Hethe <pauper> Johannes Smerles <iij d.> debent reparare quoddam calcetam apud Dounamheth quod vocatur Le Coubrig ad nocumentum omnium transientium. Ideo etc. Et preceptum est etc.

**99**  (iij d.) Et quod Simon Waryn arravit pratum suum in communi apud le holm ad dampnum communarum longitudine vj perticas et latitudine vj pedes. Ideo ipse in misericordia etc. Preceptum est etc.

(iij d.) Et quod Simon Cardinal <junior> aproparavit sibi de communi prato juxta divisam Willelmi Persoun longitudine ij pedes et latitudine iiij perticas. Ideo etc.

**100**  (vj d.) Et quod Galfridus Scut vendidit D lesch contra statutis. Ideo etc.
Et quod idem Galfridus Scut vendidit viij$^{cc}$ lesch eodem modo.

(xij d.) Et quod Simon Cardinal senior vendidit m$^l$m$^l$ eodem modo.

(Condonatus est) Et quod Moricius atte Hith vendidit ij$^c$ turbas. eodem modo.

---

[17]  *Clements Scot* struck through.

(iiij d. ob.) Et quod Johannes Smerles vendidit ij$^{ccMl}$ turbas eodem modo.

**101** (Defectus decennariorum. Condonatus est quia postea inventus in decenna) Et quod Radulfus le Hemite hospitavit contra statutis extraneos extra decenam. Ideo etc. Per plegios Radulfi Elyot et messoris.

**102** Et quod Hugo filius eiusdem Radulfi residet super feodum et extra decenam. Ideo etc.

**103** (iiij d.) Et quod Alicia uxor Clementis Braciatoris levavit hutesiam injuste super Thomam Pope. Ideo etc. Plegii Radulfus Elyot et Johannes Rote.

**104** Et quod omnes subscripti braciatores fregerunt assisam cervisie et vendidit contra eamdem unde finem fecerunt videlicet.

(ix d.) Agnes uxor Alani Carpenterii, et quia non tulit mensuram. Plegius messor.

(xij d.) Beatrix Buk pro eodem. Plegius Clemens Braciator.

(Condonata est) Johanna uxor Simonis Cardinal.

(xij d.) Matilda uxor Simonis Starlyng pro eodem.

(xij d.) Katerina le Sauser pro eodem.

(xij d.) Johannes Rote pro eodem.

(vj d.) Katerina Pope pro eodem.

(vj d.) Matilda Cok. Plegius Ricardus Cok pro eodem.

(Condonata est) Avicia uxor Simonis Pope pro eodem.

(vj d.) Avicia atte Hith pro eodem.

(iij d.) Uxor Willelmi de Stoneye pro eodem.

(xij d.) Agnes uxor Roberti Fabri pro eodem.

(vj d.) Agnes Kede pro eodem.

(iij d.) Agnes uxor Thome Pope pro eodem.

(iij d.) Alicia Cardinal pro eodem.

(iij d.) Cassandra le Suur gannoka[trix] fecit eodem. Plegius Clemens le Brewester.

(iij d.) De Willelmo Persoun <Condonatur> Ricardo Kede <iij d.>[18] temptatores cervisie quia non fecerunt officiam. Plegii alter alterius.

**105** (Temptator cervisie) Roberto le Cartere electus est temptator cervisie loco Ade Pope qui juratus est.

---

[18] Also *Ada Pope* deleted.

**106**  Affuratores 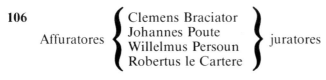 Clemens Braciator
Johannes Poute
Willelmus Persoun
Robertus le Cartere } juratores

Summa curie xxviij[19] s. j d.

# VII

### Court, 8 March 1312

*One essoin. Adjournment of case of debt. Presentments for selling turves and sedges outside the vill. Result of inquest, followed by amercement for debt. Heriot on death of Richard Cok: admission of his son to his house and half-land. Order to attach the parson to answer charge concerning game worried by his dog. The court's decision in his favour (but see item 118). Orders to prevent theft of wood from the park and to distrain tenants who had not done fealty (see item 94).*

[*membrane* 3d]

Donnham. Curia ibidem die Mercurii proxima post Sancti Wynewaldi anno regni Regis Edwardi filii Regis Edwardi quinto et pontificatus domini Johannis de Ketene secundo.

**107**  (Essonia) Ricardus Manimester deforciens versus Adam atte Hethe <mortuum> de placito transgressionis per Simonem Cardinal juniorem. Affidavit.

**108**  (Respectus) Loquela que est inter Simonem Aunfrey <mortuum> querentem et Johannem Man de placito debiti. Ponitur in respectum usque ad proximam curiam.

**109**  (m iij d.) Juratores presentant quod Mauricius atte Hethe vendidit mille turbas extra villam. Ideo etc.
(m iij d.) Et quod Simon Morice similiter vendidit j[Ml] turbas eodem modo.

---

[19]  *xxxviij* corrected from *xxx*.

(m iij d.) Et quod Johannes Smerles similiter vendidit j<sup>MI</sup> turbas. Ideo etc.

(j d. ob.) Et quod Thomas de Cotenham similiter D.

(j d. ob.) Et quod Henricus atte Heth similiter D turbas.

(vj d.) Et quod Reginaldus Smerles vendidit unum mille lesch'. Ideo etc.

(vj d.) Et quod Thomas de Cotenham unum mille lesch'.

**110** (m iij d. preceptum est) Compertum est per inquisitionem quod Philippus Lovechild injuste detinet Willelmo Fich in xiiij d. quos curia considerat etc. Et predictus Philippus pro injusta detentione in misericordia per plegium messoris. Et preceptum est levare etc.

**111** (Herietum dimidiam vaccam pretii v s. Finis xx s.) Ricardus Cok qui tenuit unum mesuagium et dimidiam virgatam terre de villenagio domini qui nuper obiit. Et dat de heriettio dimidiam vaccam pretii v s. Post cuius mortem venit Johannes Cok filius eius et petit admittionem ad dictum tenementum tenendum secundum consuetudinem manerii, qui testatur heres eius propinquor secundum consuetudinem manerii per totum homagium et admissus est ad dictum tenementum tenendum ad voluntatem domini in villenagio secundum consuetudinem per consuetudines et servicia etc. Et dat domino pro ingressu inde habendum. Per plegios prepositi et messoris. Solvendum ad le Hokeday proximam futuram medietas et altera medietas ad Pentecost proximam sequentem.

**112** (preceptum est) Juratores presentant quod persona de Dounham fovet quemdam canem consuetum dampnum facere in parco domini fugante fera ibidem et faciente dampnum de cuniculis et fesanis domini ad magnum dampnum. Ideo preceptum est ipsum attachiare quod sit ad proximam curiam inde responsurus etc. Et postea ad curiam subsequentem compertum fuit per xij juratores quod predicta persona non retinuit predictam canem dampnum facientem postquam premunitus fuit. Ideo ipse inde quietus.

**113** Preceptum est preposito et messori quod non permittant examodo claudentes sepes circa parcum asportare veterem boscum de veteribus sepibus nec alium boscum per se nec per alios sub pena dimidie marce.

**114** (preceptum est) Preceptum est sicut alias distringere tenentes tenementorum que fuerunt Simonis de Berton pro fidelitate et aliis serviciis domino faciendo. Adhuc ut alias distringere tenentes terre et tenementorum que fuerunt Clementis filii Johannis Folke pro eodem.

**115** Summa xxij s. iij d.

# VIII

## Court, 12 June 1312

*Fine for leave to marry. False claim of trespass. Result of inquest concerning the parson and disturbance of game in park. Fine paid. Adultery by John the brewster with Henry Corner's wife; injunction and warning. Presentments for sale of sedges and turves outside the vill. Fine for inquest concerning ownership of cottage.*

Dounham. Curia ibidem die Lune in crastino Sancti Barnabe Apostoli anno supradicto.

**116** (finis xj d.) De Simone Starling pro licencia habenda maritandi Agnetem filiam suam nativam domini Johanni de Wytewelle nativo domini. Plegii Robertus Cartere et messor. Solvendum medietatem ad festum Nativitatis Sancti Johannis Baptiste proximum futurum et aliam medietatem ad festum Sancti Michelis proximum sequentem.

**117** (vj d.) De Clemente le Breustere pro falso clamore versus Simonem Pope de placito transgressionis.

**118** (finis xx s.) Compertum est per inquisitionem quod Johannes manupastus persone de Dounham <et Johannes serviens eius> ex precepto dicte persone ingressus fuit parcum domini absque licencia <et in contemptum domini> et quoddam cadaver bovetti sui ibidem mortui tractavit in fossato personi unde canes diversi venerunt et fera domini in parco existentia fugaverunt ad dampnum domini etc. Ideo etc. Et postea predicta persona finem fecit pro se et manupatis suis pro xx s. per plegios Simonis Pope et Willelmi de Stoneye.

**119** (m iij d.) De Johanne le Breustere pro falso clamore versus Henricum Corner de placito transgressionis.

(m iij d. pena) De Henrico Corner pro falso clamore versus Johannem le Breustere de placito transgressionis. Et quia compertum fuit quod predictus Johannes le Breuste adulteratus est uxorem predicti Henrici et ab illa se nessit abstinere et predictus Henricus eidem Johanni sepius insidiat unde magnum periculum posset evenire. Consideratum est quod predictus Johannes de cetero a societate uxoris dicti Henrici se abstinet nec in ullo loco secum erit nec in ecclesia aut foro sub pena dimidie marce domino solvende xl denarii dicto Henrico etc. Nichilominus punietur pro transgressione.

**120** (xij d.) Juratores presentant quod Simon Cardinal vendidit Mˡ Mˡ lesch' extra villam.

| | |
|---|---|
| (vj d.) Willelmus Persoun similiter Mˡ. | (j d. ob.) Willelmus de Stoneye CCC. |
| (iij d.) Johannes Smerles D. | (ij d.) Johannes Pute CCC. |
| (iij d.) Simon Morice D. | (vj d.) Simon Kede .Mˡ |
| (vj d.) Johannes SauserMˡ. | (iij d.) Henricus Jacob D. |
| (ix d.) Simon Starling MˡD. | (j d. ob.) Robertus le Carter CC. |
| (iiij d.) Reginaldus Smerles D. | (j d. ob.) Nicholaus atte Heth pro CCC turbas.[20] |

**121** (finis xij d. preceptum est) Johannes filius Stephani le Bercher dat domino xij d. pro jure suo inquirendo de uno cotagio quod Nicholaus Aunfrey ei deforciat. Per plegium Simonis Cardinal et Simonis Pope. Ideo preceptum est summonere etc.

**122** Summa xxx s. j d. ob.

# IX

## Court, 29 September 1312

*Presentments for cutting grass on the baulks. Request for leave to agree. Admission of debt of 11d.: order to pay at once. Admission to a messuage and five acres of land after evidence of right to inherit. Amercement for failure to do ploughing for the lord. Request for leave to agree. Adjournment of a plea of land. Presentments for cutting grass on the baulks and for selling sedges. Amercement for trespass in the park. Admission of debt of 2s. 1½d.: order to pay at once.*

Dounham. Curia ibidem die Veneris in festo Sancti Michelis anno regni Regis Edwardi filii Regis Edwardi sexto et pontificatus domini Johannis de Keten Elyensis episcopi tertio.

---

[20] In three columns in the roll the first two ending with John Sauser and Nicholas Hethe.

**123** (m iij d.) Presentatum est per prepositum messarium et le ripereve. Juratores presentant quod manupastus Willelmi Persoun messuit herbagium in sulcis inter ordeum domini crescentem ad dampnum domini et aliorum. Ideo etc. Plegius messor.

(m iij d.) Et quod Robertus le Chareter fecit similiter. (m iij d.) Simon Starling similiter. (m iij d.) Radulfus Eliot similiter.

**124** (m iij d.) De Henrico famulo Simonis Cardinal pro licencia concordandi cum Willelmo Aunfrey in placito transgressionis. Plegius messor.

**125** (m iij d.) Galfridus Scut <iij d.> et Johannes Faber cognoverunt se teneri in xj d. <Johanne Ferour> pro plegio Ade atte Heth. Statim solvendum.

**126** (finis viij s.) Adam filius Isabelle Pope venit in plena curia et cepit de domino unum mesuagium et quinque acras terre de villenagio domini post mortem predicte Isabelle cuius heres ipse est prout testatur per totum homagium tenendum ad voluntatem domini in villenagium secundum consuetudinem manerii per consuetudines et servicia. Et dat domino pro ingressu inde habendum. Per plegios Simonis Pope et messoris. Et fidelitatem etc.

**127** (m iiij d.) De Simone Cok quia non venit ad fugandam carucam domini prout summonitus fuit. Plegius messor.

**128** (m ij d.) De Galfrido Scut pro licencia concordandi cum Simone Warin de placito transgressionis. Plegius Simon Pope.

**129** (respectus) Loquela inter Johannem filium Stephani petentem et Nicholaum Aunfrey defendentem in placito terre ponitur in respectum usque ad proximam curiam.

**130** (m iij d.) Juratores presentant quod Johanna de Stoneye messuit herbagium in sulcis in ordeo domini ad dampnum etc.

(m iij d.) De Roberto Faber pro eodem. (iij d.) De Alexander Virly pro eodem. (iij d.) De Roberto Hasteler pro eodem. (iij d.) De Johanne Sauser pro eodem.

(m iij d.) De ancilla Johanni le Heyt pro eodem. (iij d.) De Agnete filia Alani carpenterii.

**131** (vj d.) Et quod Willelmus Persoun vendidit M$^l$ rosci. (iiij d.) Et Hugo atte Hil similiter iiij$^C$.

**132** (m vj d.) De Johanne Smerles pro transgressione in parco. (m vj d.) De Johanne de Wichef' pro eodem.

**133** (m xij d.) Johannes, Ricardus Kede, Galfridus Scut, Philippus Lovechild, Simon Buck, Simon Cardinal junior, Nicholas Aunfrey cognoverunt se teneri Amicie que fuit uxor Ade filii Philippi in ij s. j d. obolum statim solvendum quos curia considerat et ipsi pro injuste detentione in misericordia. Plegii Willelmus Persoun et messor.

**134** Summa xiiij s. xj d.[21]

[*membrane* 4. *A narrow horizontal strip with the tops of some* elongata *of the heading of the first court only, the remainder having plainly been cut off and lost*]

# X

## Court and Leet, 13 December 1313

*One essoin. List of jurors. Common fine. Presentments for digging on common land, for obstructing a ditch, for encroachments, for offences concerning the folding of sheep, for assault, harbouring strangers and for damage to the fen; for sale of sedges and turves, for breaking the Assize of Ale and for default of suit of court. Further presentments for harbouring strangers and for fraternising with one of ill repute. Amercements for debt of 1s., for trespass and false complaint, for detention of chattels. Order to collect a debt that was dealt with in the leet of the previous year. Election of ale-taster.*

[*membrane* 5]

Donham. Curia et Leta ibidem tente die Jovis in festo Sancte Lucie Virginis anno regni Regis Edwardi filii Regis Edwardi septimo et pontificatus domini Johannis de Ketene episcopi Elyensis quarto, per Willelmus Ailstan.

---

[21] At this point there is written boldly *Rotuli Curie de Dounham tempore Johannis de Ketene.* Evidently this is a label from when the roll comprised membranes 1–3 only.

**135** [Essonia] Magister hospitalis Sancti Johannis de Ely versus Simonem Cardinal de placito debiti — per Rogerum le Clerk: secundo.

**136** (Juratores)

| | |
|---|---|
| Simon Pope | Johannes Rote |
| Simon Cardinal | Thomas Pope |
| Robertus le Cartere | Johannes Cok |
| Simon Buk | Willelmus de Stoneye |
| Willelmus Persoun | Ricardus Kede |
| Simon Starling | Galfridus Scut |

(dimidia marca) qui dicunt super sacramentum suum quod omnes capitales plegii dant domino de communi fine etc.

**137** (vj d.) Et quod Nicholaus Scut fodit in communia apud Dounham heth ad nocumentum. Ideo etc.

(iij d.) Et quod Galfridus Scut fodit eodem modo. Ideo etc.

**138** (preceptum est) Et quod Willelmus de Stoneye obstuperavit quamdam gutteram inter ipsum et Alanum le Baxtere ad nocumentum. Ideo etc. Et preceptum est etc.

**139** (iij d.) Et quod Johannes Heyward appropriavit sibi ad quamdam foreram suam apud le Grashofe de terra domini et vicinorum suorum longitudine j quarentenam et latitudine iij pedes ad dampnum etc. Ideo etc. Et preceptum est etc.

(iij d.) Et quod idem Johannes appropriavit sibi ad foreram suam apud Cokeshoue de terra vicinorum longitudin ex pertices et latitudine ij pedes ad dampnum etc. Ideo ipse etc. Et preceptum est etc.

(vj d.) Et quod Nicholaus de Branketre adhuc sustinet quamdam purpresturam per ipsum factam apud Bele ad dampnum etc. Ideo etc. Et preceptum est etc.

(preceptum est) Et quod Rogerus Denever adhuc sustinet quamdam purpresturam factam per Nicholaum de Hertecombe apud le Morthesdich arrandum super communam etc. Ideo etc. Et preceptum est etc.

**140** (dimidia marca; preceptum est) Et quod Rogerus Denever, Rogerus clericus et Johannes de Wirham tenentes terram et tenementos que fuerunt Clementis ad capud ville de Dounham levaverunt iij faldas per se ubi habere debent in communi unicam faldam tantum ad dampnum domini <et> communitatis. Ideo etc. Et preceptum est quod prosternantur etc.

(vj d.) Et quod Nicholaus de Branketre levavit eodem modo unam faldam ubi <nullam> habere debet. Ideo etc. Et preceptum est etc.

**141** (xij d.) Et quod Willelmus filius Simonis Starlyng traxit sanguinem de Josep Bercarii contra pacem etc. Ideo etc.

(iij d.) Et quod Willelmus Bonting traxit sanguinem de Willelmo le Fesere contra pacem etc. Ideo etc.

(iij d.) Et quod Willelmus le Fesere traxit sanguinem de dicto Willelmo Bountyng contra pacem etc. Ideo etc.

**142** (iij d.) Et quod Nicholaus de Branketre hospitavit extraneos contra assisam. Ideo etc. Per plegios Roberti le Cartere et messoris.

(iij d.) Et quod Johannes le Eyr hospitavit eodem modo extraneos contra assisam etc. Ideo etc. Per plegium messoris.

(iij d.) Et quod Simon Cok hospitavit eodem modo extraneos contra assisam etc. Per plegios Johanni Koc et Galfridi Scut.

**143** (xij d.) Et quod Willelmus le Fesere est communis devastator marisci qui non est communaris unde tota villata dampnum habet et multum de eo queritur. Ideo ipse in misericordia et receptus per personam de Dounham etc. Et preceptum est quod decetero nullus eum recepiet sub pena viginti solidos domino solvendos etc.

**144** (Condonatur) Et quod Johannes Poute vendidit extra D lesch.
(iij d.) Et quod Agnes Poute vendidit D.
(xij d.) Et quod Henricus Jacob vendidit M$^l$M$^l$.
(vj d.) Et quod Johannes le Heyward vendidit M$^l$.
(vj d.) Et quod Willelmus Poute vendidit M$^l$.
(iij d.) Et quod Simon Starlyng vendidit D.
(vj d.) Et quod Johannes Smerleys vendidit M$^l$.
(xij d.) Et quod Simon Cardinal vendidit M$^l$M$^l$.
(vj d.) Et quod Willelmus Persoun vendidit M$^l$.
(ix d.) Et quod Henricus Jecob vendidit extra iij$^M$ turbarum.
(ix d.) Et quod Johannes Smerles vendidit extra iij$^M$.
(iij d.) Et quod Hugo Cardinal M$^l$.
(iij d.) Et quod Anota atte Hithe M$^l$.
(ix d.) Et quod Casse Poute vendidit M$^l$M$^l$M$^l$ turbarum.
Et quod Mauricius atte Heth vendidit M$^l$M$^l$.
(iij d.) Et quod Henricus le Sauser M$^l$.

**145** Item presentant quod omnes subscripti braciatrices fregerunt et vendiderunt cervisiam contra assisam. Unde fecerunt finem.
(vj d.) Uxor Roberti le Hasteler fecit similiter.
(iij d.) Caterina Pope fecit similiter.
(xij d.) Caterina Sauser fecit similiter.
(vj d.) Agnes Scot fecit similiter.
(Condonatur) Agnes de Pulham fecit similiter.
(vj d.) Uxor Alani Carpentarii fecit similiter.
(Condonatur) Uxor Simonis Pope fecit similiter.

(vj d.) Agnes Kede fecit similiter.

(xij d.) Beatrix Buk fecit similiter.

(Condonatur) Johanna de Stoneye fecit similiter.

(iij d.) Uxor Roberti Fabri fecit similiter.

(iij d.) Mabilia Clement fecit similiter.

(Condonatur) Uxor Simonis Cardinal fecit similiter.

(vj d.) Robertus le Cartere <iij d.> Willelmus Persoun et Ricardus Kede <iij d.> temptatores cervisie non fecerunt officium. Ideo etc.

**146** (xl d.) Juratores dicunt quod Prior de Ely liber tenens facit defaltam. Ideo etc.

(ij s.) Juratores dicunt quod Elemosinarius de Ely similiter liber tenens facit defaltam. Ideo etc.

**147** (finis) Item juratores dicunt Johannes le Sauser receptavit Robertum le Parker et alios extraneos qui non fuerunt de bona fama. Et de quibus mala suspictio habebatur. Ideo etc.

(x s.) Et quod Johannes filius Johannis le Sauser extitit in societate ipsius Roberti temporibus nocturnis sciens predictum Robertum esse male fame. Ideo etc. Et postea venit et fecerit finem per plegium totius homagii.

**148** (iij d. preceptum est) De Willelmo Buntyng pro injusta detentione versus Is[abellam] Queu xij d. ad dampnum taxatum iij d. juxta confessionem suam in curia: ideo in misericordia.

(iij d.) De Willelmo Buntyng pro falso clamore versus Willelmum le Fesere in placito transgressionis. In misericordia.

**149** (vj d.) De Willelmo Starling pro transgressione facta Josep filio Bercarii ad dampnum suum vj d. prout compertum fuit per inquisitionem.

(iij d.) De eodem Willelmo pro falso clamore versus eundem Josep in placito transgressionis.

(iij d.) De eodem Willelmo Starling pro transgressione facta Simoni atte Barre ad dampnum suum taxatum per juratores vj d.

**150** (iij d.) De Johanne Rokelerod pro injusta detentione Agnete Pope in placito detentionis catallorum.

**151** (preceptum est) Preceptum est levare de Johanne de Wyrham et Cassandre uxore eius Rogero de Wysete et Mabilie uxore eius ad opus Simonis Cardinal senioris xxv s. quos versus eos recuperavit in curiam et letam tentas hinc die Mercurii in festo Lucie virginis anno regni regis nunc sexto.

**152** (Temptator cervisie) Thomas Pope electus est temptator cervisie hoc anno in loco Willelmi Persoun qui juratus est.

# XI

## Court, 23 May 1314

*Two essoins, first entered as pleas: order in one case to appear at the next court without further essoin. Fine for leave to marry. Exchange by two tenants of two half acres of land. Admission by John Man of detention of five hundred turves from Walter the brewster. Order to pay: time given. Results of two inquests, one concerning an assault; the other, damage in the fen by mowing and selling the produce. Presentment for overloading pasture with beasts from outside the vill. Order to drive them back. Surrender of a drove.*

Dounham. Curia ibidem tenta die Jovis proxima ante pentecost anno supradicto.

**153** Willelmus Fesere queritur de Johanne Le Ku de placito transgressionis, plegii de prosequendo Willelmus prepositus et messor, plegius ad respondendum messor.

Simon Pope queritur de Willelmo Starlyng de placito transgressionis, plegii de prosequendo prepositus et messor, plegius ad respondendum Simon Starlyng.

(Essonia) Johannes le Ku versus Willelmum le Fesere de placito transgressionis — per Clementem le Breustere.

Willelmus Fesere versus Johannem le Ku de placito transgressionis — per Willelmum de Stonneye.

(preceptum est) Dies datus est Simoni Pope querens et Willelmo Starlyng de placito transgressionis apparare ad proximam curiam preceptum est pertinere sine assonio.

**154** (finis vj d.) De Willelmo de Stonneye pro licencia maritandi Rosiam filiam suam Rogero le Rede de Chetesham nativo domini. Plegius Willelmus prepositus.

**155** (finis vj d.) Simon Bok venit in curiam et sursum reddidit in manum domini ad opus Simonis Cardinal junioris dimidiam acram terre in le Parokhoue. Quid venit et de domino recepit habendum et tenendum ad voluntatem domini <facere inde per annum vj d.>. Et dat domino pro ingressu habendo vj d.

(finis vj d.) Simon Kardinal junior venit in curiam et sursum reddidit in manum domini ad opus Simonis Bok dimidiam acram terre super Barlydovehoue. Qui venit et de domino recepit habendum et tenendum ad voluntatem domini facere inde per annum vj d. Et dat domino pro ingressu vj d. Plegii prepositus et messor.

**156.**[22] Johannes Man cognovit se teneri Waltero le Brewstere in D turbarum solvendum ad festum Sancti Michaelis proximum sequentem per plegios prepositi et messoris.

**157** Compertum est per inquisitionem quod Robertus le Sauser percussit et delasteravit Willelmum prepositum ad dampnum ipsius Willelmi vj d. Ideo consideratum est quod predictus Willelmus recuperet predictos denarios. Et dictus Robertus in misericordia pro dicta transgressione. Plegius Simon Cardinal.

**158** (m vj d. preceptum est) Compertum est per inquisitionem quod Willelmus le Fesere fecit wastum et vendicare in maresco falcandum et vendendum ad dampnum domini. Ideo etc. Et preceptum est capere in manu domini totum manuopus suum et retinere quousque satisfacere dominum pro wastis predictis.

**159** (preceptum est) Item dicunt quod Simon filius Mabilie Clement superoneravit pasturam domini cum bestiis extraneis. Ideo etc. Et preceptum est fugare dicta averia a dicta pastura et ea imparcare quousque etc.

**160** (finis ij d.) Juliana le Gardener venit in curiam <per licenciam domini> et remisit et quietum clamavit de se et heredibus suis in perpetuum etc totum jus et clamium quod habuit vel aliquando habere potuit Johanni Hayt et heredibus suis in una via ducente in Westfen jacente inter hulmum [Simonis] Pope ex una parte et hulmum Simonis Cardinal ex parte altera. Et dat domino pro licencia habendo iij d. Plegius Simon .... [*damaged ms.*].

---

[22] The edge of the manuscript is here damaged and marginal notes to **156** and **157** are lost.

# XII

## Court, 31 July 1314

*Requests for leave to agree in both of the cases essoined at the previous court. Adjournment of two pleas. Amercements for assault and false complaint. Result of inquest concerning an assault: amercement and damages. Amercement for false complaint. Admission to a river-meadow and half an acre of land. Result of inquest concerning the debt of a halfpenny and for slander. Presentment for illegal sales of sedges and turves. List of Custodians of the Bylaw.*

[*membrane* 5d]

Dounham. Curia ibidem die Martis proxima post festum Sancti Jacobi apostoli anno regni Regis Edwardi filii Regis Edwardi octavo et pontificatus J[ohannis] de Ketene Elyensis episcopi quarto.

**161**  (iij d.) De Johanne le Keu pro licencia concordandi cum Willelmo le Fesere de placito transgressionis, per plegium messoris.

(iij d.) De Willelmo Starling pro licencia concordandi cum Simone Pope de placito transgressionis per plegium messoris.

**162**  (Respectus) Loquela inter Robertum Capellanum et Robertum Cok de placito conventionis ponitur in respectum usque ad proximam curiam.

(Respectus) Loquela inter Radulfum le Charpenter querentem et Radulfum Elyot de placito conventionis ponitur in respectum usque ad proximam curiam.

**163**  (iij d.) Compertum est per inquisitionem quod Johannes le Bercher verberavit et male tractavit Galfridum et Robertum filios Marger' le Hunte ad dampnum suum taxatum ad vj d. quos curia considerat. Et dictus Johannes in misericordia per plegium messoris et prepositi.

**164**  (iij d.) De Simone Cardinal juniore pro falsa querela versus Johannem le Bercher de placito transgressionis.

**165**  (finis ij s. incrementum redditus) Johannes Smerles cepit de domino unum hulmum de communi marisco apud Dounhamheth continentem dimidiam acram cum pertinentiis tenendam sibi et heredibus suis per servicium xij denariorum per annum. Et dat domino pro ingressu inde habendo ij s. per plegium messoris.

**166** (ij s. pauper) Compertum est per inquisitionem quod Johannes Man injuste detinuit Roberto Aleyn in obolo et nichilominus fecit insultum eidem Roberto verbis maleficiosis, et inventus est ad dampnum suum iij d. quos curia etc.

**167** (ij s.) Juratores presentant quod Simon Cardinal vendidit iiij$^M$ lesch' contra defensione.

(vj d.) Et Johannes Poute similiter M$^l$.
(iiij d.) Henricus Smerles D.
(vj d.) Agnes Poute M$^l$.
(vj d.) Thomas atte Heth M$^l$.
(iiij d.) Reginaldus Smerles D.
(iiij d.) Et quod Johannes Smerles vendidit extra villata M$^l$ turbas.
(iiij d.) Mauricius Atteh' M$^l$ turbas.

**168** Custodes bilegis[23]

| | |
|---|---|
| Ricardus Eliot | Robertus le Chareter |
| Ricardus Kede | Radulfus Eliot |
| Simon Buk | Johannes Poute |
| Galfridus Scut | Simon Warin |
| Simon Cardinal | Johannes le Sauser |

# XIII

## Court, 24 September 1314

*One essoin. Request for leave to agree. Order to attach a defendant. Presentments for damage to crops with stock, for failure to do harvest-work, for thefts of corn during harvest, for adultery and for damage to park and fence.*

Dounham. Curia ibidem die Martis proxima post festum Sancti Matthei Apostoli anno regni Regis Edwardi filii Regis Edwardi octavo et pontificatus J[ohannis] de Ketene quinto.

---

[23] In the manuscript there are five pairs of names across the membrane linked with criss-cross braces.

**169** [Essonia] Radulfus le Charpenter querens versus Radulfum Elyot de placito conventionis — per Johannem Clericum. Primo. Affidavit.

**170** (vj d.) De Johanne Rote pro licencia concordandi cum Simone Kede de placito transgressionis.

**171** (preceptum est) Preceptum est attachiare Robertum Cok ad respondendum Roberto capellano de placito conventionis.

**172** (vj d.) Juratores presentant quod Johannes Poute fecit dampnum in bladis domini cum uno pullano alligato
    (iij d.) De Agnete Pute pro j pullano similiter.
    (iij d.) Et quod Galfridus faber pro porcis similiter.
    (vj d.) De Johanne Colomber similiter pro porcis.
    (iij d.) De Johanne Rote similiter pro porcis.
    (iij d.) De Alexandro Virly similiter pro porcis.
    Condonatur. De Willelmo Persoun pro eodem.
    vj d. De Galfrido Scut pro j porco similiter.
    Condonatur. De Roberto capellano similiter pro porcis.
    Condonatur. De Willelmo de Stoneye similiter pro porcis.
    iiij d. De Simone filio Mabille pro eodem.
    vj d. De rectore ecclesie pro iiij porcis similiter.
    iiij d. De Galfrido Scot similiter pro porcis.
    iij d. De Roberto le Hasteler similiter pro porcis.
    (iij d.) De Johanne Child pro transgressione facta in bladis domini cum bestiis suis
    iij d. De Johanne Poute pro eodem.
    (iij d.) De Galfrido Scut pro eodem.
    iij d. De Simone Buk pro eodem.
    iij d. De Simone Cok pro eodem.

**173** (iij d.) De Simone Kede quia non venit ad messurcium prout summonitus fuit.
    iij d. De Simone Starling pro eodem.
    (iij d.) De Simone Cardinal juniore pro eodem.
    iij d. De Ricardo Aunfrey pro eodem.
    iij d. De Ricardo Kede pro eodem.
    (iij d.) De Ricardo Eliot pro eodem.
    iij d. De Simone Cok pro eodem.

**174** (vj d.) Et quod uxor Henrici Corner furata est vj garbas ordei et pisas de decenna.
    (vj d.) Et quod ancilla Johannis de Columber furata est vj garbas ordei et pisas per eundem Johanni recettatas.
    (xij d.) Et quod Johannes Child similiter furatus est iij garbas pisarum de pisis fratrum de le Paliz.

(preceptum est) Et quod Nicholaus le Tayllour furatus est j garbam frumenti et recettam per uxorem Radulfi le Gayte.

(iij d.) Et quod garcio Roberti capellani furatus est j garbam frumenti.

(ij s. vj d.) Et quod Johannes filius Nicholai atte Heth <ij s.> furatus est xviij garbas ordei pretii vj d. de blado domini et recettas per Simonem Cardinal juniorem — <vj d.>.

**175** (vj d.) Et quod Matilla filia Mauricii atte Heth nativa fecit leyrwitam.

(vj d.) Et quod Agnes filia Alani le Charpenter nativa fecit similiter.

(vj d.) Et quod Isabella filia Galfridi le vacher fecit similiter.

(vj d.) Et quod Muriella filia Ade de Chetesham fecit similiter.

**176** (vj d.) De Simone Starling qui fregit sepem parci.

(vj d.) De Johanne le Heyward pro eodem.

(condonatur) De Thome Pope pro eodem.

vj d. De Simone Kede pro eodem.

vj d. De Simone Cardinall juniore pro eodem.

vj d. De Radulfo Elyot pro eodem.

**177** (iij d.) De Simone Warin quia cariavit roscum per medietatem parci sine licencia.

(iij d.) De Johanne Rote pro eodem.

(iij d.) De Simone Cardinal juniore pro eodem.

**178** (vj d.) De ancilla Roberti Fabri [quia] intravit parcum et emilsit cipos ibidem sine licencia.

# XIV

## Court and Leet, 17 December 1314

*List of jurors. Common fine. Presentments for assault, poundbreach, encroachment, obstruction of a ditch, for putting a dung-heap on the highway and for damage in harvest; for harbouring strangers and for tithing offences; for making a fish-trap in the fen and putting a dung-heap on the highway, for selling sedges and for cutting them when out of season; for selling turves, breaking the Assize of Ale and failing to appear in court on a plea. Result of inquest concerning a debt of 18d.: defendant amerced, but claimant also, for false complaint. Admission to part of a holding. Adjournment of a plea. Admission of Simon Pope to full-land and messuage, the surrendered dowry of Alice wife of Robert the carter: maintenance arrangement. Two further admissions, one to cotland and quarter-land and one to cotland and half-land.*

[*membrane 6*]

Dounham. Curia et leta ibidem die Martis proxima post festum Sancte Lucie Virginis anno regni Regis Edwardi filii Regis Edwardi octavo et pontificatus J[ohannis] de Ketene Episcopi Elyensis quinto.

**179**   Juratores:

| | |
|---|---|
| Simon Pope | Simon Buk |
| Simon Cardinal | Willelmus Persoun |
| Robertus le Cartere | Simon Starling |
| Johannes Rote | Willelmus de Stoneye |
| Thomas Pope | Ricardus Kede |
| Johannes Cok | Galfridus Scut |

(finis dimidiam marcam) Qui dicunt super sacramentum suum quod omnes capitales plegii dant de antiquo fine dimidiam marcam.

**180**   (m iij d.) Et quod Clemens clericus percussit Matillam Whonadele unde eadem Matilla juste levavit hutesium. Plegius Willelmus Persoun.

**181**   (m vj d.) Et quod Simon Cardinal junior traxit sanguinem de Roberto capellano. Plegius Willelmus Persoun.

**182** (Districtus Elyensis) Et quod Ricardus de Sporle de Ely fecit pondbrech de j pullano imparcato pro debito domini.

**183** (preceptum est. m xij d.) Et quod Johannes Hayt posuit murum suum supra terram Roberti Aleyn longitudine iiij perticas et latitudine iij pedes.

**184** (m iij d.) Et quod <Willelmus> de Stoneye obstupavit quamdam gutteram inter ipsum et Margaretam Red ad nocumentum.

(m [*blank*] distringere) Et quod Johannes Schereman posuit fimarium in regia via ad nocumentum.

**185** (distringere) Et quod Alanus le Baxtere <mortuus> fecit dampnum in autumpno.

**186** (m vj d.) Et quod Johannes Man hospitat extraneos contra assisam.

(m vj d.) Et quod Johannes Prest est extra decenna et recettus per Amiciam[24] viduam.

**187** (m iij d.) Et quod Robertus Faber fecit puteos in marisco ad imponendum corbellum ad nocumentum.

(m vj d.) Et quod Johannes Child posuit fimarium in alta via ad nocumentum.

**188** (m iij s.) Et quod Simon Cardinal vendidit vj$^M$ lesch contra ordinationem.

(m xviij d.) Et quod Willelmus Persoun iij$^M$ eodem modo.

(m v d.) Et quod Johannes Child similiter DCC.

(m iij d.) Et quod Reginaldus Smerles D.

(m vj d.) De Willelmo de Stoneye pro M.

(m iij d.) De Agnete Pute pro D.

vj d. De Simone Starling pro M.

vj d. De Hugo Cardinal pro M.

vj d. De Henrico Jacob pro M.

iij d. De Johanne Smerles pro D.

iij d. De Thome atte Heth D.

iij d. De Willelmo Pute pro D.

(m xviij d.) Et quod Robertus capellanus fecit falcare post festum Sancti Michaelis M lesch' ad magnum vastum. Plegius W. Persoun quia in tempore defenso.

(m xij d.) De Henrico Jecob quia vendidit iiij$^M$ turbas extra villam.

---

[24] *Johannem Man* written at first then deleted.

(m j d. ob.) De Johanne Pute pro D.
(m vj d.) De Galfrido Scot pro ij<sup>M</sup>.
j d. ob. De Thome atte Heth pro D turbas.
vj d. De Morice atte Heth pro ij<sup>M</sup> turbas.
iij d. De Nicholao atte Heth pro M turbas.
ix d. De Johanne Smerles pro iij<sup>M</sup>.
j d. ob. De Agnete Pute pro D.
(m xij d.) De Simone Buk pro ij<sup>M</sup> lesch'.
xij d. De Simone filio Mabille pro ij<sup>M</sup>.

**189** Et quod omnes subscripti braciaverunt vendiderunt cervisiam contra assisam.
(m vj d.) Uxor Roberti le Hasteler <per mensuram non signatam>.
(m vj d.) Uxor Roberti Aleyn <p.m.n.s.>.
(m vj d.) Uxor Simonis Cardinal <non productam>.
(m vj d.) Uxor Willelmi Aunfrey <n.p.>.
xij d. Uxor Johannis le Sauser <p.m.n.s.>.
vj d. Johanna de Stoneye <p.m.n.s.>.
Condonatur. Uxor Simonis Pope <n.p.>.
vj d. Uxor Alani le Charpenter <per quartarium non signatum>.
xij d. Uxor Roberti Fabri <p.m.n.s.>.
vj d. Uxor Thome Pope <p.m.n.s.>.
vj d. Uxor Galfridi Scot <p.m.n.s.>.
xij d. Uxor Roberti Buk <p.q.n.s.>.
vj d. Agnes Kede <mensura non signata>.
vj d. Uxor Johannis de Stretham <p.m.n.s.>.
vj d. Uxor Galfridi Scut <n.p.>.
De Roberto le Chareter <iiij d.> Thome Pope <iiij d.> et Ricardo Kede <iiij d.> temptatoribus cervisie quia non fecerunt officium.

**190** (m iij d.) De Ada Pope et plegiis suis de prosequendo videlicet Willelmo Persoun et messore quia non est prosecutus versus Willelmum le Fesere de placito transgressionis.

**191** (m vj d.) Compertum est per inquisitionem quod Galfridus Scut injuste detinuit Josep bercario xviij d. quos curia considerat et dictus Galfridus pro injusta detentione in misericordia.
(m iij d.) De eodem Josep pro falsa querela versus eundem Galfridum Scut. Plegius Scut.

**192** (finis xij d. incrementum redditus obolum) Adam de Chetesham nativus domini sursum reddit in manum domini unam placiam de mesuagio suo de villenagio domini continentem in longitudine iiij perticas et in latitudine ij perticas ad opus Willelmi Starling nativi domini qui dictam placiam cepit tenendum ad voluntatem domini in villenagium secundum consuetudinem manerii. Reddit inde annuatim domino ad festum Sancti Michaelis <unum obolum> et predicto Ade et heredibus suis xij d. ad quattuor anni terminos. Et dat domino de gersuma xij d.

**193** (Respectus) Loquela inter Radulfum le Charpenter querentem et Radulfum Elyot de placito conventionis ponitur in respectum usque ad proximam curiam.

**194** (finis dimidia marca) Robertus le Chareter et Alicia uxor eius qui tenent de villenagio domini unum mesuagium et unam virgatam terre <cum pertinentiis> de hereditate predicte Alicie per consuetudines et servicia villana sursum reddunt in manum domini dictum tenementum ad opus Simonis Pope. Et idem Simon predictum tenementum recepit de ballio domini tendendum in villenagio ad voluntatem domini salvo jure etc. Et postea idem Simon fecit finem pro predicta terra retradenda predictis Roberto et Alicie ad terminum vite utriusque. Ita quod post decessum eorum predicta terra sibi revertatur. De qua quidem terra Radulfus Russel et Alicia uxor eius tenent medietatem eiusdem tenementi in dotem ipsius Alicie ex dotatione Ricardi le Chareter primi viri etc de hereditate predicte Alicie uxoris predicti Roberti. Et sciendum quod ij Robertus et Alicia sursum reddunt in manum domini <tam> jus reversionis dotis predicte quam jus tenendi quod iidem Robertus et Alicia die recognitionis et concessionis et redditionis tenuerunt. Et dictus Simon dat domino pro gersuma dimidiam marcam.

**195** (finis dimidia marca) Johannes Kebbe nativus domini sursum reddit in manum domini medietatem unius mesuagii et unius tenementi vocati Cotlond et quartam partem unius virgate terre de villenagio domini. Et unam acram terre sensuarie ad opus Ricardi Kebbe fratris sui qui dictum tenementum <cepit> de domino in villenagium per consuetudines etc. Et dat domino pro ingressu dimidiam marcam per plegium messoris. Et postea ille idem Ricardus concessit predicto Johanni ad terminum vite sue pro concessione et redditione predictis predictum mesuagium cum crufta et medietatem unius acre terre <predicte> in campo jacentis.

**196** (finis j marca) Ricardus Kebbe nativus domini sursum reddidit in manum [domini] unum mesuagium et dimidiam virgate terre et unum cotlond de villenagio domini et duas acras terre sensuarias ad opus Willelmi Persoun nativi qui dictum tenementum recepit de domino in villenagium per consuetudines etc. Et dat domino pro ingressu inde habendo j marcam per plegium messoris etc.

**197** Summa Curie lxiij s. vij d. ob.[25]

---

[25] Corrected from *lxiij s. iiij d. ob.*

# XV

## Court, 18 June 1315

*One essoin. Fine for leave to marry. Admission to a piece of land and another to a water-meadow. Plea adjourned from previous court (item 193) again adjourned because the defendant had not been warned personally. Presentments of non-commoners for cutting and taking sedges from Downham and of commoners of Downham for cutting and selling sedges from the lord's private fen. Admission to a fishery.*

Dounham. Curia ibidem die Mercurii in crastino Sancti Botulfi Abbati anno supradicto.

**198** [Essonia] Rogerus de Denever de communi per Simonem Warin.

**199** (finis dimidia marca) Hugo filius Nicholai bercarii venit in plena curia et dat domino pro licencia habenda maritandi se cum Amicia que fuit uxor Ade filii Philippi atte Hethe nativa domini tenente unum mesuagium et dimidiam virgatam terre de villenagio domini et pro ingressu habendo in dicto tenemento tenendum in villenagio secundum consuetudinem manerii per consuetudines et servicia villana. Plegii Galfridus Faber et Ricardus Kede.

**200** (finis xl d.) Isabella que fuit uxor Clementis Scot nativa domini venit in plena curia et sursum reddit in manum domini unam placiam de mesuagio suo de villenagio domini continentem in longitudine sex perticatas et in latitudine tres perticatas ad opus Roberti filii Willelmi le Sauser nativi domini qui dictam placiam cepit tenendam sibi et heredibus suis in villenagio ad voluntatem domini secundum consuetudinem manerii per consuetudines et servicia etc.

    (finis; incrementum redditus j caponem) Et reddit inde annuatim de incremento redditus semper ad Natale j caponem. Et dat domino pro ingressu inde habendo per plegium Simonis Pope.

**201** (finis ij s.) Reginaldus Smerles sursum reddit in manum domini unum hulmum apud Dounhamheth de villenagio domini continens unam rodam terre ad opus Johannis Smerles fratris sui qui dictum hulmum cepit tenendum in villenagio domini secundum consuetudinem manerii per consuetudines et servicia etc. Et dat domino pro ingressu inde habendo per plegium Simonis Pope.

**202** (Respectus.) Loquela que est inter Radulfum le Charpenter querentem et Radulfum Elyot de placito conventionis ponitur in respectum usque ad proximam curiam eo quod dictus Radulfus non fuit premunitus de querela sua personaliter etc. Et preceptum est etc.

**203** (m x d.) Willelmus de Mephale nativus domini de Ely fecit finem cum domino per [x] d. eo quod cariavit leschiam Johanni de Bekeswelle de Ely infra bundas marisci de Dounham ubi non est communarius et contra defensionem. Per plegium Philippi Lovechild.

**204** (m xij d.) Juratores presentant quod Henricus filius prepositi de Ely falcavit D lesch' intra bundas de Dounham ubi non est communarius ad falcandum in tempore defenso ante le Hokeday et $j^M$ lesch' extra bundas similiter eodem tempore. Ideo etc.

(m vj d.) Et quod Johannes Cat de Ely nativus domini falcavit in communa de Ely $j^M$ lesch ante le Hokeday contra defensum.

(m xij d.) Et quod Johannes Alberd nativus domini de Ely falcavit infra bundas marisci de Dounham $ij^M$ ubi non est communarius.

(m xij d.) Et quod Willelmus Aldred de Ely nativus falcavit ibidem eodem modo $ij^M$.

(m vj d.) Et quod Thomas filius prepositi de eadem nativus falcavit ibidem $j^M$.

(m xij d.) Et quod Petrus Kyng de eadem nativus falcavit ibidem $ij^M$.

(m iij d.) Et quod Johannes Martin de eadem nativus falcavit ibidem eodem modo M.

Ideo dicti lesch' forefacturi et ipsi in misericordia.[26]

**205** Vide medietatem j plene terre predicte dotis.[27]

[*membrane* 6d]

Dounham. Adhuc de Curia ibidem die Mercurii [etc.].

**206** (m vj d.) Juratores presentant quod Johannes filius Dulcie le bercher de Ely nativus falcavit infra bundas marisci de Dounham ubi non est communarius M.

(m vj d.) Et quod Willelmus le Clerk de eadem nativus similiter falcavit ibidem M.

[26] A brace shows that this refers to all seven cases in item **204**.
[27] A later note at the foot of the membrane referring to item **200**.

(preceptum est) Et quod Johannes de Bekeswelle de eadem liber similiter falcavit ibidem M.

(preceptum est) Et quod Lucia de Schepeye <libera> de eadem similiter falcavit ibidem M.

(preceptum est) Et quod Radulfus Freterurs liber de eadem similiter falcavit ibidem M.

(m iij d.) Et quod Simon Cardinal nativus de Dounham similiter ibidem iiij$^C$ ad vendendum.

(Condonatur quia manupastus ipsius matrie) Et quod Willelmus Persoun nativus de eadem falcavit similiter ibidem CC.

Forfectura et ipsi in misericordia.[28]

(m vj d.) Et quod Robertus le Sauser nativus de eadem falcavit similiter ibidem <in separali domini> xl garbas. Ideo etc.

(m Condonatur quia pauper) Et quod Simon Red de eadem falcavit similiter ibidem xl.

Forfectura et ipsi in misericordia.[29]

**207** (finis iiij d.) Juliana le Gardener nativa domini sursum reddidit in manum domini unam piscariam apud Siddich de villenagio domini ad opus Willelmi de Stoneye qui dictam piscariam cepit tenendam in villenagio secundum consuetudinem manerii per consuetudines et servicia. Et dat domino pro ingressu inde habendo. Per plegium messoris.

**208** Summa xx s. ij d.

# XVI

### Court, 23 September 1315

*Admission to cotland. Result of two inquests concerning assault and one concerning the killing of a neighbour's bullock. Presentments for damage in the lord's meadow with stock. Four admissions to fisheries along the dyke in the lord's fen. Fine for leave to marry.*

Dounham. Curia ibidem die Martis proxima post festum Sancti Matthei Apostoli et Ewangeliste anno regni Regis Edwardi filii Regis Edwardi nono et pontificatus Johannis sexto.

---

[28] A note on the right with braces showing that it refers to all the preceding cases in item **206**.
[29] A note on the right plainly referring to the remaining two cases in item **206**.

**209**  (finis xl d.) Willelmus filius Alexandri Virli venit in plena curia [et] sursum reddit in manum domini totum jus et clamium quod habuit vel quoquo modo habere potuit in uno cotagio de villenagio domini continenti dimidiam acram terre, quod quidem cotagium sibi descendere debuit post mortem predicti Alexandri patris sui ut jus suum de hereditate Margarete Virli matris sue defuncte ad opus predicti Alexandri patris sui et Agnetis uxoris eius et Agnetis filie eorum. Ita quod de cetero in predicto cotagio nullum jus seu clamium exigere vel vendicare poterit imperpetuum. Et predicti Alexander et Agnes uxor eius et Agnes filia sua dictum cotagium de domino recipiunt tenendum secundum consuetudinem manerii per consuetudines et servicia villana. Et dant domino pro ingressu inde habendo, per plegium messoris.

**210**  (m vj d.) Compertum est per inquisitionem quod Johannes Hayt calcavit Simonem Cardinal ad dampnum suum taxatum ad vj d. quos curia considerat. Et dictus Johannes pro transgressione in misericordia, per plegium messoris.

**211**  (m ij d.) Compertum est per inquisitionem quod Rogerus clericus percussit Thomam Det et effudit sanguinem ab eo ad dampnum suum taxatum ad vj d. quos curia considerat. Et dictus Rogerus pro transgressione in misericordia per plegium messoris.

**212**  (m iij d.) Compertum est per inquisitionem quod Willelmus le hirde occidit bovettem Ade le Sutere ad dampnum suum taxatum ad ij s. quos curia considerat. Et dictus Willelmus in misericordia per plegios Galfridi Scut et Roberti Kede.

**213**  (vj d.) Juratores presentant quod Simon Cardinal fecit dampnum cum bestiis suis in pratis domini. Ideo etc.
    (vj d.) De Johanne Hayt pro eodem.
    (vj d.) De Johanne Fox pro eodem.
    (iij d.) De Waltero le Charpenter pro eodem.
    (iij d.) De uxore Simonis Starling.
    (iij d.) De Johanne le Sauser.
    (ij d.) De Roberto Fabro pro eodem.
    (iij d.) De Johanne de Stoneye pro eodem.
    (iij d.) De Thoma Pope pro eodem.
    (iij d.) De Radulfo Elyot pro eodem.
    (iij d.) De Clemente Bracerio pro eodem.
    (iij d.) De Galfrido Scut pro eodem.
    (iij d.) De Nicholao Scut pro eodem.
    (iij d.) De Simone filio Amabille pro eodem.
    iij d. De Nicholao atte Hethe pro eodem.
    iij d. De Mauricio atte Hethe pro eodem.
    vj d. De Johanne Pute pro eodem.

supra De Johanne Pute pro eodem.
iij d. De Johanne Child pro eodem.
iij d. De Simone Kede pro eodem.
iij d. De Johanne Rote pro eodem.
iij d. De Simone Cardinal juniore pro eodem.
iij d. De Johanne serviente persone pro eodem.
iij d. De Simone Buk pro eodem.
iij d. De Johanne Cok pro eodem.
iij d. De Galfrido Fabro pro eodem.
iij d. De Roberto Buk.
iij d. De Ricardo Kede pro eodem.

**214** (iij d.) Warrennarius juratus presentat quod Robertus Buk fecit dampnum in parco domini cum equo suo depascente herbagium.
    (iij d.) Simon Buk similiter.
    (iij d.) Simon Kede similiter.
    (iij d.) Johannes Smerles similiter.
    (iij d.) Simon Cardinal juniore similiter.
    (vj d.) Johannes Hayt pro eodem.
    (iij d.) Johannes Child similiter.
    (iij d.) Simon Neweman pro iiij bestiis ibidem.
    (iij d.) Bateman de Lytleport similiter.
    (xij d.) Willelmus Cat similiter.
    (iij d.) Galfridus filius Roberti Morice similiter.

**215** (finis xij d.) Robertus filius Ricardi le Keu capellanus venit in plena curia et recepit de domino quamdam portionem exteriorem fossati in separali marisco domini extra parcum domini ad piscandum tantum ab Haytesdamp usque ad corneram parci ex parte de Schortegrene tenendum sibi et heredibus suis per servicium ij denariorum per annum per equales portiones. Et dat domino pro ingresso habendo xij d. per plegium messoris.

**216** (finis vj d.) Clemens le Brazour [recepit] quamdam portionem super idem fossatum ad piscandum tantum ab Haytesdamp usque dampnum Simonis Cardinal tenendum sibi et heredibus suis in villenagio per servicium j d. et obolum per annum. Et dat de gersuma vj d.

**217** (finis vj d.) Robertus Faber recepit quamdam portionem super idem fossatum ad piscandum tantum a Cardinalesdamp usque dampnum Roberti Morice tenendum in villenagio sibi et heredibus suis per servicium j d. et obolum per annum. Et dat de gersuma per plegium messoris.

**218** (finis xij d.) Robertus le Sauser recepit de domini quamdam portionem super idem fossatum ad piscandum tantum a dampno Roberti

Morice usque Siddich tenendum in villenagio sibi et heredibus suis per servicum ij d. per annum. Et dat domino de gersuma xij d.

**219**  (finis xij d.) Hugo filius Johanni le Chareter dat domino pro licencia maritandi se cum Avicia filia Clementis Scot tenenti unum cotagium de villenagio domini. Et pro ingressu habendo in dicto cotagio tenendum secundum consuetudinem manerii per consuetudines etc. per plegium messoris.

**220**  Summa xix s. viij d.

# XVII

## Court and Leet, 15 December 1315

*One essoin. List of jurors. Common fine. Review of tithings. Presentments for harbouring a gossip, for thefts of corn, for breaking the Assize of Bread and Ale, for leyrwite, for sale of sedges and turves outside the community and for cutting the lord's osiers. Results of two inquests, concerning thefts of cloth and of a sword. Order to attach a defendant. Amercements for theft of sedges and for false complaint. Admission to a piece of land. Report of a nuisance caused by passage across land of a neighbour. Amercement for contempt, in deserting stable in the lord's park.*

[*membrane* 7]

Dounham. Curia et Leta ibidem die Lune proxima post festum Sancte Lucie Virginis anno regni Regis Edwardi filii Regis Edwardi nono et pontificati J[ohannis] de Ketene Elyensis Episcopi sexto.

**221**  [Essonia] Radulfus le Charpenter versus Radulfum Elyot de placito conventionis — per Simonem Cardinal. Secundo.

**222**  Juratores.[30]
|  |  |
|---|---|
| Simon Cardinal | Galfridus Scut |
| Robertus le Chareter | Radulfus Elyot |
| Thomas Pope | Simon Kede |

[30]  In four columns of three in the manuscript, connected with criss-cross braces.

| Johannes Cok | Johannes le Sauser |
|---|---|
| Simon Buk | Johannes Lovechild |
| Ricardus Kede | Robertus Buk |

(finis dimidiam marca) qui dicunt super sacramentum quod omnes capitales plegii dant domino de antiquo fine.

**223** ([Condonatur] quia in decenna apud Ely) Et quod Nicholaus Crisp est extra decenna et receptus per Adam Sutorem. Et quod Johannes le prest est extra decenna et receptus per eundem Adam. Et quod Johannes Conukhethen est extra decenna et receptus per eundem Adam.

(pauper) Et quod Johannes le Wayner est extra decenna. Et receptus per Galfridum le vacher.

(vj d.) Et quod Johannes Hayt hospitavit Willelmum Cat suspectum de minutis latrociniis.

**224** (vj d.) Et quod Petrus serviens Clementis le Brazour asportavit de avenis domini iij garbas et recetti per dictum Clementem.

(vj d.) Et quod Willelmus garcio Roberti capellani asportavit de blado dominii iij garbas pretii ij d. et recetti quidem per dictum Robertum.

**225** (ij d.) Et quod Robertus le Hastiler pistoratus est et panem vendidit contra assisam.

(ij d.) Et quod Cassandra Wodeward est regratrix panis contra assisam.

(pauper) De Agnete le Hunte pro eodem.

(ij d.) De Cassandra Coroner pro eodem.

(ij d.) De Emma Pope pro eodem.

(iij d.) De uxore Nicholai de Ely pro eodem.

**226** (iij d.) Et quod Robertus le Hastiler braciavit et vendidit cervisiam contra assisam.

(vj d.) De Katerina le Sauser pro eodem.

(iij d.) De Johanna de Stoneye pro eodem.

(iij d.) De Isabella Alleyn pro eodem.

(ij d.) De Agnete la Plouwrithe pro eodem.

(vj d.) De Agnete le fenere.

(iij d.) De Agnete de Pulham.

(ij d.) De Katerina Pope pro eodem.

(vj d.) De Beatrice Buk pro eodem.

(pauper) De Beatrice la Fesere gannockarice cervisie quia vendidit cervisiam contra assisam.

(j d.) De Agnete la Hunte pro eodem.

(ij d.) De Agnete Smerles pro eodem.

(j d.) De uxore Ade Pope pro eodem.

**227**  (ij d.) Et quod Katerina filia Mauricii atte Hethe <fecit> leyrwitam.

**228**  (xviij d.) Et quod Simon Cardinal vendidit iij$^M$ lesch extra communam contra defensum.

(iij d.) Et quod Agnes Pute similiter di$^M$.

(vj d.) Et Willelmus Starling similiter M.

(vj d.) Et Henricus Jacob similiter M.

(xv d.) Et Simon filius Mabille similiter ij$^M$ di$^M$.

(iij d.) Et quod Willelmus Pute similiter vj$^C$.

(iij d.) Et Johannes Smerles similiter vj$^C$.

(j d. ob.) Et Reginaldus Smerles similiter iij$^C$.

(iij d.) Et Hugo Cardinal vj$^C$.

(vj d.) Et quod Mauricius atte Hethe vendidit extra communam eodem modo ij$^M$ turbas.

(vj d.) Et Johannes Smerles eodem modo ij$^M$.

(j d. ob.) Et Thomas Heth eodem modo vj$^C$.

(vj d.) Et Henricus Jacob similiter ij$^M$.

(j d. ob.) Et Johannes Pute similiter vj$^C$.

**229**  (xij d.) Et quod Johnnes Rote falcavit in separali roserio domini xl garbas.

(xij d.) Et quod Willelmus Persoun similiter lx garbas.

(xij d.) Et Willelmus de Stoneye similiter lx garbas.

(ij s.) Et persona ecclesie de Dounham similiter C garbas ibidem.

(vj d.) Et Radulfus Elyot similiter ibidem xx garbas.

(vj d.) Et Willelmus le Fesere similiter xx garbas ibidem.

(ij s.) Et Simon Pope similiter C garbas ibidem.

(xij d.) Et Johnnes le Schereman similiter C garbas ibidem.

**230**  (m iij d.) Compertum est per inquisitionem quod Thomas atte Hethe injuste detinuit Johanne le Travencer unum collobium de blueto pretii ij s. ad dampnum ipsius Johannis vj d. Ideo consideratum est quod dictus Johannes recuperet versus eum pretium dicti collobii simul cum predictis dampnis. Et dictus Thomas pro injusta detentione in misericordia.

(m condonatur) Compertum est per eamdem inquisitionem quod Johannes le Travencer injuste detinet eidem Thome j gladium pretii ij s. ad dampnum ipsius Thome taxatum ad iiij denarios quos curia etc. Et dictus Johannes pro injusta detentione in misericordia.

**231**  (preceptum est) Rogerus clericus querens optulit se versus Johannem de Wirham de placito debiti qui summonitus fuit et non venit. Ideo preceptum est ipsum attachiare.

**232**  (m ij d.) De Henrico le Corner quia asportavit v$^{xx}$ viij garbas lesch' de lesch' Willelmi de Fesere ad dampnum dicti Willelmi vj d. quos [etc.].

63

**233** (m ij d.) De Rogero Johannis Climme de Ely pro falso clamore versus Johannem Pute de placito debiti.

(m ij d.) De Nicholo le Charpenter pro falso clamore versus Simonem Warin de placito debiti.

**234** (finis vj d. incrementum redditus obolum) Willelmus de Stoneye sursum reddit in manum domini unam placiam de mesuagio suo de villenagio domini continentem in longitudine vij perticas et in latitudine iiij perticas cum pertinentiis ad opus Roberti le Hasteler et Agnetis uxoris eius qui veniunt et dictam placiam receperunt de domino tenendum in villenagio secundum consuetudinem manerii. Ita quod dictus Willelmus defendat penes dominum omnes consuetudines et servicia dicte placie pertinentes. Et dicti Robertus et Agnes reddent inde annuatim domino unum obolum de incremento redditus ad festum Sancti Michaelis et dicto Willelmo iiij d. per annum ad quatuor terminos usualiter.

Et preterea venerunt Robertus le Sauser et Johanna de Stoneye uxor eiusdem Roberti eodem die et sursum reddunt in manum domini totum jus et clamium que habuerunt vel habere poterunt in futurum in dictam placiam ad opus eorumdem Roberti et Agnetis. Et dicti Robertus et Agnes dant domino pro ingressu.

**235** Juratores presentant quod Johannes de Wirham tenet unam portam extra quam habet exitum suum super terram Simonis de Keten ad dampnum et nocumentum liberi tenentis ipsius Simonis.

Et quod Rogerus Wysete tenet quamdam aliam portam eodem modo. Et quia tangit libera tenementa ipsorum Johannis et Rogeri nec est articulus lete. Ideo nichil inde actionis est ad presens.

**236** (m ij d.) De Willelmo Bunting qui positus fuit super le stable in parco domini per senescallum hospicii domini pro feris capiendis quia recessit a dicto loco per quod quedam fera ibidem evasit in contemptu domini etc.

**237** Summa Curie xxix s. v d. ob.

# XVIII

## Court, 27 February 1316

*Admission to cotland. Fine for leave to marry. Admission of theft of barley malt. Walter Persoun, reeve of the manor, presented for fifteen offences, amerced and dismissed. Election of new reeve and hayward.*

Dounham. Curia ibidem die veneris proxima post festum Sancti Mathie apostoli anno supradicto.

**238** (finis j marca) Mauricius atte Hethe qui tenuit de villenagio domini unam coteriam nuper obiit. Et venit Simon filius eius et heres eius propinquior secundum consuetudinem manerii prout compertum est per totum homagium et dictam coteriam cepit de domino tenendum secundum consuetudinem manerii in villenagio per consuetudines et servicia etc. Et dat domino pro ingressu inde habendum per plegium messoris.

**239** (finis xx s.) Johannes Buk nativus domini venit et dat domino xx s. pro licencia habenda maritandi se cum Agnete que fuit uxor Ade le Charpenter nativa domini tenente unam plenam terram de villenagio domini. Et pro ingressu habendo in dictam terram tenendam secundum consuetudinem manerii per consuetudines etc. per plegium Simonis Buk.

**240** (m iij d.) Johannes de Wyrham cognovit se teneri Rogero le Clerk in j quarterium brasei ordei. Ideo consideratum est quod dictus Rogerus recuperet et dictus Johannes pro injusta detentione in misericordia per plegium Nicholai Scut de misericordia.[31]

[*membrane* 7d] Adhuc de curia infra incepta.

**241** Juratores presentant quod Willelmus Persoun prepositus manerii habuit ij juvenculas et ij bovettos ibernantes ad foragium domini in manerio domini in anno preterito et in anno presenti j boviculus eodem modo quorum ibernatio valuit v s.

---

[31] See above item **231**.

Et quod idem prepositus habuit j affrum domini per ij dies ad cariandum leschiam suam in marisco ad dampnum domini <ij d.>. Et j equum per j diem ad cariandum meremium suum de Ely usque domum suam unde dictus equus interiit non quidem equus fuit vetus tamen dicunt quod valuit eodem tempore iij s.

Et quod caruce domini per vices jacebant in estate et autumpno per tres septimanas set per examinationem senescalli hoc fuit per intemperiem temporis et propter nimium cariagium coquine. Ideo quoad hoc nichil ad dampnum domini.

Et quod dictus Willelmus cariavit meremium domini ad domum suam extra curia domini cum carecta domini ad valentiam pretii v s. et cognovit.

Et quod idem Willelmus comisit adulterium cum uxore Roberti Morice.

Item dicunt quod Johannes Paste famulus Willelmi Persoun asportavit unum stodem extra hostium domini preter eiusdem Willelmi pretii j d.

Et quod dictus prepositus cariavit unam carectam lesch usque Stretham cum carecta domini ad dampnum domini ij d.

Et quod cariavit ij carectas turbarum usque Ely cum carecta domini ad dampnum iiij d.

Et quod Walterus le Barbour habuit iij porcos in manerio domini quos idem prepositus emit de dicto Waltero et mactavit ad lardarium <suum> quorum putura valuit post emptionem iij s.

Et quod idem prepositus cariavit pisas suas extra Aggrave cum carecta domini ad dampnum domini vj d.

Item convictum est quod plus expendidit in garbis quam in grano inundato debuerat in prebenda equorum a gula augusti usque festum omnium sanctorum per j quarterium et dimidiam buscellum set dicunt quod non potuerit tunc temporis triticare propter autumpnum et propter nimium cariagium.

Item presentant <quod> diversi carettarii cariantes petram et alia necessaria pro coquina domini asportaverunt extra grangia domini per negligentiam prepositi garbas avene precii certam prebendam ad valentiam ij quarteria sed quia cariagium per plures vices minus onerosum in absentia dicti prepositi. <Ideo per senescallum oneratur nisi de uno quarterio pretii vj s.>

Item dicunt quod iij porci mortui fuerunt per defectum porcarii pretii iiij s. quos conductos fuit tam per Simonem Pope quam prepositum unde meditas super Simonem Pope.

Item dicunt quod dictus prepositus permisit garciones uxoris Roberti Morice asportare maremium fenum et foragium pretii iiij d.

Item quod idem prepositus cepit famulum domini ad tassandum bladum suum per iij dies ad dampnum domini iij d.

Summa dampnorum super prepositum xxv s. x d.; et super Simonem Pope ij s.

Simon Cardinal electus est in officium prepositi manerii per totum homagium. Et fecit sacramentum.

Et Simon Kede electus est in officium messarii per totum homagium. Et fecit juramentum.

(finis cum dampnis xxxv s. x d.) Et postea dictus Willelmus prepositus pro predictis transgressionibus fecit finem pro decem solidis. Et dampna domini nichilominus super ipsum prepositum xxv s. x d. unde summa dampnorum cum fine xxxv s. x d. super prepositum.

(ij s.) Et preter hoc dampna super dictum Simonem Pope ij s.

**242** Summa lxxj s. v d.

# XIX

### Court, 20 October 1323

*Results of inquests concerning unnamed offence against the warrener; breaches of the Bylaw and damage to corn with stock. Presentments for felling trees in the alder grove of Simon de Ketene who paid fine for an inquest. Fine for leave to marry. Admission to messuage and six acres of land with maintenance settlement. Amercements for detinue of 8d., bad harvest work, encroachment on the lord's corn and damage to crops with stock.*

[*membrane* 8]

Dounham. Curia tenta ibidem die Jovis proxima post festum Translationis Sancti Etheldrede anno regni Regis Edwardi filii Regis Edwardi decimo septimo.

**243** (m iij d.) Compertum est per inquisitionem quod Johannes Hayt fecit transgressionem Willelmo de Hotham warrenario ad dampnum taxatum ad vj d. quod etc. Et preterea in misericordia.

**244** (iij d.) Item compertum est per eosdem quod Ricardus Aunfrey fregit le Belawe.

(iij d.) Et quod Margareta de Wymelyngton fecit similiter.

(ij d.) Et quod Avicia del Heth fecit similiter.

(ij d.) Et quod Baltewynus le Clerk fecit similiter.

(iij d.) Et quod Simon filius Johannis le Breuster fecit similiter.

**245** (ij d.) Et quod Johannes Child fecit dampnum in blado cum j equo.

(ij d.) Et quod Robertus Mayden fecit eodem modo cum j pullano.

(ij d.) Et quod Isabella Red fecit dampnum in blado domini etc.

**246** (iij d.) Item presentant quod Henricus filius Johannis le Heyward fecit dampnum in alneto Simonis de Ketene succidendo arboribus ad dampnum vj d. Et pro transgressione in misericordia.

(ij d.) Et quod Johannes Child fecit similiter ad dampnum iiij d. Ideo pro transgressione in misericordia.

(iij d.) Et quod Simon filius Johannis le Breuster fecit similiter ad dampnum vj d. Ideo pro transgressione in misericordia.

(iij d.) Et quod Johannes Fox fecit similiter ad dampnum vj d. Ideo pro transgressione in misericordia.

(iij d.) Et quod Galfridus filius Alicie Moriz fecit similiter ad dampnum vj d. Ideo pro transgressione in misericordia.

(vj d.) De Simone de Ketene pro inquisitione habendo de predictis transgressionibus etc.

**247** (ij s.) De Galfrido le Smyth pro licencia maritandi Matillam filiam suam etc.

**248** (finis dimidia marca) Ricardus Elyot sursum reddit in manum domini unum mesuagium et sex acras terre de bondagio domini ad opus Ricardi Kede <qui venit et dictum mesuagium cum terra cepit de domino> habendum et tenendum de domino post mortem predicti Ricardi Elyot per servicia etc. Et ad seminandum predictam terram exceptis duabus acris terre quas tenebit liber pro operibus similiter cum toto prato excepta j roda ad campipartem tota vita predicti Ricardi Elyot. Et dabit predicto Ricardo Elyot ij$^C$ lesch' et v$^C$ turbas per annum tota vita ipsius Ricardi Elyot. Et predictus Ricardus Elyot concedit quod totum fimum proveniens de blado de proparte sua ponatur super terram predictam ad totam vitam suam. Et predictus Ricardus Kede dat domino pro ingressu dimidiam marcam.

**249** (Condonatur quia pauper) De Johanne Man pro injusta detentione de viij d. versus Simonem Sauser quos etc.

**250** (iij d.) Et quod Simon filius Mabille non ligavit bladum domini tempestive.

(ij d.) Et quod Willelmus Aunfrey fecit eodem modo.

(iij d.) Et quod Ricardus Aumfrei fecit eodem modo.

(iij d.) Et quod Johannes Hayt fecit eodem modo.

(iij d.) Et quod Willelmus Persoun fecit eodem modo.

**251** (iij d.) Et quod Johannes Aumfrey vertit carucam suam super bladum domini.

(iij d.) Et quod Walterus Broud messuit bladem domini ultra sulcum terre sue.

**252** (ij d.) Et quod Johannes Child fecit dampnum in bladum domini cum j pullano.

(ij d.) Et quod Robertus Aleyn fecit eodem modo cum j pullano.

(vj d.) Et quod Simon filius Johannis Hayt fecit dampnum in pisis.

(iij d.) Et quod Johannes le Eyr fecit dampnum in blado cum ij porcis.

(ij d.) Et quod Johannes Waryn fecit eodem modo cum j porco.

(ij d.) Et quod Robertus Faber fecit eodem modo cum ij porcis.

(iij d.) Et quod Katerina Sauser fecit eodem modo cum j porco.

(iij d.) Et quod Simon Cardinal fecit eodem modo cum ij porcis.

(iij d.) Et quod Johannes le Sherman fecit eodem modo cum iij porcis.

**253** Summa xvj s. iij d.

# XX

## Court and Leet, 13 December 1323

*Common fine. Presentments for breaking the Assize of Ale and Bread, for hue and cry and for selling turves and sedges. Election of hayward. Order for inspection of the roll to settle dispute between Simon Cardinal and Janyn Columbers concerning messuage. Amercement for destroying trees. Inquest by whole homage to settle dispute between Geoffrey Smith and Geoffrey Morris concerning the quality of a quarter-land. Amercement for sale of the lord's timber. Order to keep the peace. Amercement for cutting down the lord's hedges. Admission to messuage.*

Dounham. Curia et leta ibidem die Martis proxima post festum conceptionis Beate Marie anno supradicto.

**254** (dimidia marca) Juratores dicunt super sacramentum suum quod omnes capitales plegii dant ex certo fine dimidiam marcam.

**255** Et quod omnes bracerii vendiderunt contra assisam.
(vj d.) Et quod Beatrix Buk braciavit contra assisam.
(vj d.) Et quod Margeria la Eyr eodem modo fecit.
(iij d.) De Agnete Hastiler pro eodem.
(vj d.) De Agnete Smith pro eodem.
(iij d.) De Johanna de Stoney pro eodem.
(iij d.) De Thome Pope pro eodem.
(iij d.) De Johanne de Stretham pro eodem.
vj d. De Janyn Columbero pro eodem.
iij d. De Margareta de Doddington gannokatrice.
iiij d. De Agnete Hasteler pistore.
iij d. De Johanna sorore eius.

**256** vj d. De Clementi Breuster pro transgressione facta Henrico Tailler unde ipse levavit hutesium iuste.

**257** xxj d. De Henrico Smerles quia vendidit vij$^M$ turbas contra ordinaciones.
xv d. De Johanne Smerles pro eodem v$^{Ml}$ lesch'.
vj d. De Johanne Clerico pro eodem ij $^{Ml}$.
iij d. De Thoma de Hith pro eodem j $^{Ml}$.
iij d. De Henrico Smerles quia vendidit di$^M$ lesch'
j d. De Willelmo Aunfre pro eodem xl garbas.
j d. De Simone Pope pro eodem.

**258** (Electio) Totum homagium elegit Johannem Cok ad officium messoris et fecit sacramentum.

**259** (Scrutandum rotulis) Simon Cardinal attachiatus fuit ad respondendum Janyn Columbiers de placito quare deforciat ei medietatem unius messuagii pertinentem ad dimidiam terram suam. Et predictus Simon venit et dicit quod nullum mesuagium ei deforciat <nec medietatem messuagii> et hoc dicit quia gersuma dictam medietatem de domini tempore Willelmi de Louth.[32] Et unde vocat ad recordum rotulos de tempore eiusdem. Ideo preceptum est scrutari rotulos de tempore predicti Willelmi.

**260** (m vj d.) De Galfrido Morice pro falso clamore versus Galfridum Smyth in placito terre.
(m vj d.) De Galfrido Smith quia fecit vastum de arboribus crescentibus in bondagio domini.

[32] Bishop of Ely 1290–98.

(m vj d.) Galfridus Smith attachiatus fuit ad respondendum Galfrido Morice de placito terre. Et unde queritur quod ubi Robertus Morice pater suus vendidit predicto Galfrido Smith quartam partem unius plene terre capiendam et recipiendam prout jacet in diversis parcellis tam de bona terra quam de parva, idem Galfridus Smith post redditionem dicte terre dictam quartam partem cepit de meliore terra electa conventione et contra consuetudinem manerii. Et petit quod dicta terra dimidiatur equaliter.

Et predictus Galfridus Smith venit et dicit quod eandem terram quam tenet et unde nunc implacitur gressavit de predicto Roberto Morice per conventionem inter eos factam. Et hoc petit quod inquiretur per totum homagium. Totum homagium venit et dicit per eorum sacramentum quod predictus Galfridus Smith gressavit predictam terram unde nunc implacitur.

Ideo consideratum est quod predictus Galfridus Smith habeat et teneat predictam terram et predictus Galfridus Morice in misericordia pro falso clamore.

**261** (m ij d.) De Emma Pope quia fecit vastum de domibus domini et meremium unde vendidit ad valentiam vj denarios. Et eadem Emma habebit de Galfrido Smith xv denarios pro dampna sibi adjudicato. Et idem Galfridus Smith manere facere domum suam sub pena perditionis.

**262** (m iij d.) De Agnete Burmondays quia succidit haias domini.

**263** (xij d.) Henricus Corner sursum reddit in manum domini unum mesuagium cum pertinentias ad opus Juliane filie Johannis le Breustere habendum et tenendum sibi et sequele sue secundum consuetudinem manerii et dat domino pro ingressu xij d.

**264** Summa xvij s. iij d.

# XXI

## Court, 26 June 1324

*Amercements for false complaint. Result of inquest concerning accusation by Clement the brewster that Master John the chaplain kept for himself 2d. delivered to him as procurations. Unsuccessful claim by Alice Kebbe for her dowry – a house, a half-land and a cotland held by William Persoun. Amercements for damage to crops with stock. Presentments for poaching the lord's fish and for grazing stock on neighbour's pasture. Admission to cotland and half an acre of land and to fisheries. Renewal of rents for fisheries and arrentation of new fisheries in a newly-constructed lode.*

[*membrane* 8d]

Dounham. Curia ibidem die Martis proxima post festum Nativitatis Sancti Johannis Baptiste anno regni Regis Edwardi filii Regis Edwardi decimo septimo.

**265** (m iij d.) De Janyn Columbers pro falso clamore versus Simonem Cardinal de placito terre.

(m iij d.) De Nicholo le Carpenter de Ely pro falso clamore versus Galfridum Bercarium de placito transgressionis.

**266** (m ij d.) Compertum est per inquisitionem quod Clemens le Breuster fecit transgressionem domino Johanni capellano imponendo eum retinuisse penes se ij d. de xxxj d. quia eidem liberantur de collectione procurationis sancti spectanti. Ideo pro transgressione in misericordia.

**267** Alicia que fuit uxor Ricardi Kebbe venit hic in curia et petiit versus Willelmum Persoun dotem suam de uno mesuagio et dimidia virgata terre et uno cotlond de villenagio domini que dictus Willelmus tenet ex redditione predicti Ricardi Kebbe quondam viri sui tempore Willelmi de Luda episcopi Eliensis. Et predictus Willelmus venit et dicit quod ipse tenet predictos tenementos ex redditione predicta facta per assensum predicte <Alicie>. Et petit quod inquiritur sive de huiusmodi tenementis sic redditis debeat consuetudinem manerii dotari. Et predicta Alicia similiter. Juratores dicunt super sacramentum <suum> quod hucusque mulieres <post mortem virorum suorum> non solebant dotari de tenementis in curia sit redditis secundum consuetudinem manerii. Ideo consideratum est quod predictus Willelmus teneat in pace etc.

**268**  (m ij d.) De Amicia atte Heth quia fecit dampnum in blado domini cum uno equo.

(m ij d.) De Simone Cardinal quia fecit similiter cum ij bobus.

De Johanne Sherman quia fecit eodem modo cum j equo.

**269**  (iij d.) Presentant quod Simon Morice fecit quamdam gurgitem <de novo> apud Dounhamheth et piscatus est in piscaria domini ad dampnum etc.

(iij d.) De Amicia atte Heth pro eodem.

(iij d.) De Agnete Poute pro eodem.

**270**  (vj d.) Presentant quod Johannes Hayt sustinet vaccas suas <et pascit> cum herbagio vicinorum ad dampnum etc.

(vj d.) Et quod Matilla Scut facit similiter.

(iij d.) Et quod Johannes Warin facit similiter.

Et quod Cristiana Bachoke facit similiter.

(iij d.) Et quod Walterus Brond facit similiter.

**271**  (finis iij d.) Simon Pope sursum reddit in manum domini unum cotagium et duas rodas terre de bondagio domini quorum una roda jacet in le Snakelond et alia jacet apud Haukele ad opus Thome Pope simul cum medietate cuiusdam damme in marisco, qui venit et dictum cotagium simul cum terra cepit de domino tenendum sibi et sequele sue secundum consuetudinem manerii. Et dat pro ingressu iij d.

**272**  (finis v s.) Walterus filius Ricardi Kebbe venit et cepit de domino quamdam piscariam quam predictus Ricardus pater suus tenuit de domino apud Maneye reddendo inde annuatim domino v s. ad totam vitam suam. Et dat domino pro ingressu v s.

(Arrentatio piscariarum de novo)[33]

Galfridus Scut et Johannes Man veniunt et ceperunt de domino piscariam cuiusdam lade <de novo constructe> extendentem se del Parkdik usque regiam aquam ducentem usque Litleport reddendo inde annuatim quadraginta denarios ad voluntatem domini etc.

Willelmus Aunfrey cepit de domino piscariam del parkdich unum annum xij d.

Robertus le Smyth dat domino ij s. <per annum> pro piscaria del Wartergate usque Benegrenelond tenendum ad voluntatem domini etc.

---

[33]  From braces this plainly refers to the last five entries of this court.

Johannes Smerles cepit de domino piscariam extendentem se de piscaria Roberti Aleyn usque Dounhamhethe reddendo inde annuatim xviij d. habendam et tenendam dictam piscariam sibi et sequele sue per servicias predictas etc.

Simon Warin cepit de domino quamdam piscariam extendentem se de piscaria Roberti Aleyn usque parcum tenendam ad voluntatem domini reddendo inde annuatim ij s.

**273**   Summa viij s iij d.

# XXII

### Court, 31 July 1324

*Three essoins only.*

Dounham. Curia ibidem die Martis proxima ante festum Sancti Petri ad vincula anno regni Regis Edwardi filii Regis Edwardi decimo octavo.

**274**   Prior de Ely de communi — per Galfridum Scut.
Elemosinarius de Ely de eodem — per Galfridum le Smyth. } Affidaverunt.
Magister hospitalis de eodem — per Johannem Sherman. )

# XXIII

## Court, 15 October 1324

*Two essoins. Amercement for false complaint. Result of inquest concerning debt of 6s. Amercements for damage to crops with stock and bad reaping. Result of inquest concerning the damage by six defendants to Emma Pope's wall. Presentments for theft of corn at harvest, damage with cart to neighbour's corn and keeping horses in the fields at night before crops had all been carried.*

[*membrane* 9]

Dounham. Curia ibidem die Lune proxima post festum Sancti Dyonisii anno regni Regis Edwardi filii Regis Edwardi xxviij°.

**275** [Essonia] Prior de Ely de communi per Galfridum Scut. Secundo. Elemosinarius de Ely de eodem per Simonem filium Margar'. Secundo.

**276** (ij d.) De Simone Warin pro falso clamore versus Johannem Child de placito transgressionis.

**277** (iij d.) Compertum est per inquisitionem quod Willelmus Aunfrei injuste detinet Johanni de Stretham vj s. quos etc. Et pro detentatione in misericordia. Et predictus Johannes remittit dampnum etc.

**278** (vj d.) De Johanne Fox quia fecit dampnum in blado domini cum porcis suis etc.
    (vj d.) De Simone Cardinal pro eodem.
    (iij d.) De Johanne le Breuster quia fecit dampnum cum j pullano.
    (vj d.) De Willelmo Persoun quia fecit dampnum cum porcis.
    (iij d.) De Johanne Child pro eodem cum j equo.

**279** (iij d.) De Galfrido Moriz quia male messuit bladum domini.

**280**   (iij d.) De Simone Kede quia fecit dampnum cum porcis.

(iij d.) De Radulfo Elyot quia fecit dampnum cum j equo.

(iij d.) De Johanne serviente rectoris quia fecit dampnum cum j jumento.

**281**   (iij d.) De Galfrido Fabre quia male messuit bladum domini etc.

**282**   (m xj d.) Compertum est per inquisitionem quod Emma Pope habet dampna de reparatione cuiusdem muri per defectum Johannis Columbers <ij d.>, Johannis Sherman <ij d.>, Johannis de Stretham <j d.>, Galfridi le Smith <ij d.>, Ade Buk <ij d.>, Simonis le Breuster <ij d.> ad dampnum xij d. quos curia considerat quod recuperet et pro transgressione in misericordia.

**283**   (iij d.) Presentant quod Margar' le Hunte asportavit bladum in autumpno contra le Belawe.

(iij d.) Et quod Robertus filius eius fecit similiter.

(vj d.) Et quod Gilbertus Bercarius fecit similiter.

(ij d.) Et quod uxor Johannis Porter fecit similter.

(ij d.) Et quod Agnes le Wrighte fecit similiter.

(viij d.) Et quod Clemens le Breuster fecit similiter.

(Condonatur quia pauper) Et quod Ella le Straunge fecit similiter.

(iij d.) Et quod Adam serviens Johannis Cok fecit similiter.

vj d. Et quod Rogerus garcio warennarii fecit similiter.

iij d. Et quod uxor Roberti de Hasteler fecit similiter.

xij d. Et quod Johannes le Eyr fecit similiter.

vj d. Et quod Johannes Pappe fecit similiter.

viij d. Et quod Johannes Hait fecit similiter.

viij d. Et quod uxor Galfridi le Smith fecit similiter.

**284**   iiij d. Et quod Willelmus Lovechild fugavit carectam suam ultra bladum vicinorum.

iiij d. Et quod Simon Sauser fecit similiter.

**285**   (vj d.) Item presentant quod omnes de homagio <qui equos habent> fregerunt le Belawe tenendo equos suos in campis noctanter antequam blada fuerunt cariata etc. contra dictam ordinationem.

**286**   Afferatores { Simon Pope
Simon Buk

Summa xij s. j d.

# XXIV

## Court and Leet, 19 December 1324

*Undertaking to repair Emma Pope's fence under pain of half a mark. Amercements for false complaints of oppression by tax-collectors. Result of inquest concerning damage to Katharine the hayward's wheat by the reeve (with the lord's calves) and the swineherd, the Rector and others with stock: order made to levy the damages. Plea of debt.*

*The leet. Common fine. Presentments for breaking the Assize of Ale and Bread: order to remove an alewife of evil repute. Presentments for leyrwite, for rightful hue and cry, theft of corn in the harvest, receiving stolen corn, sale of turves and sedges contrary to the rules and for mowing in the lord's private fen. Amercements for tithing offences. Payment made for permission to move. Amercements for default of court. Lease of mill for the year.*

Dounham. Curia et Leta ibidem die Mercurii proxima ante festum Sancti Thome Apostoli anno supradicto.

**287** (Pena) Johannes Columbers, Johannes Sherman, Johannes de Stretham, Galfridus le Smyth, Adam Buk, Simon le Breuster, manuceperunt reparare quoddam murum quod apertum est ad nocumentum Emme Pope citra proximam curiam sub pena dimidie marce.

**288** Simon Cardinal queritur de Simone Buk et Ricardo Kede agistoribus denariorum ad arma de eo quod ipsi agistores eos ultra quantitatem bonorum et catallorum suorum terrarum vel tenementorum. Plegius de prosequendo Johannes Cok.
    Johannes Hayt queritur de eisdem de transgressione supradicta. Plegius <de prosequendo> Simon Cardinal.
    Robertus le Smyth queritur de eisdem de predicta transgressione. Plegius de prosequendo Simon Cardinal.
    (vj d.) De Simone Kardinal pro falso clamore versus Simonem <Buk> et Ricardum Kede agistores de placito transgressionis.
    (vj d.) De Johanne Hayt pro falso clamore versus eosdem de placito predicto.
    (vj d.) De Roberto le Smyth pro falso clamore versus eosdem de placito predicto.

77

**289** (ij d.) Compertum est per inquisitionem quod prepositus fecit dampnum in frumento Katerine le Heyward cum ij vitulis domini quos habuit in custodia ad dampnum iiij d. Ideo in misericordia. Et preceptum est levare dictos denarios ad opus dicte Katerine.

&lt;iij d.) Et quod porcarius domini fecit similiter cum porcis ad valentiam xx d.

(ij d.) Et quod rector ecclesie fecit similiter cum porcis ad valentiam ij d.

(ij d.) Et quod Johannes le Sherman fecit similiter cum ij bovis ad valentiam ij d.

(ij d.) Et quod Johannes Columbers fecit similiter ad valentiam ij d.

(ij d.) Et quod Johannes de Stretham fecit similiter ad valentiam j d.

(ij d.) Et quod Simon Kede fecit similiter cum porcis ad valentiam j d.

(iij d.) Et quod uxor Petri Coci fecit similiter ad valentiam iiij d.

Ideo in misericordia. Et preceptum est levare dictos denarios ad opus dicte Katerine.

**290** (Preceptum est) Willelmus de Stoneye queritur de Simone Pope de placito debiti. Plegii de prosequendo Johannes Columbers et Willelmus Persoun. Ideo preceptum est ipsum sub pena etc. contra proximam curiam etc.

**291** (Leta. dimidia marca) Juratores presentant &lt;super sacramentum suum&gt; quod omnes capitales plegii dant ex certo fine dimidiam marcam.

**292** Et quod omnes braciatrices et pistores fregerunt assisam videlicet:

(vij d.) Beatrix Buk.

(vj d.) Margar' de Merch.

(iiij d.) uxor Johannis Cok.

(viij d.) Agnes le Smyth.

(viij d.) Agnes le Hasteler.

(viij d.) uxor Johannis le Eyr.

(braciatrix servisie) uxor Johannis Columbers.

(iij d.) Katerina Pope.

(iij d.) uxor Thome Pope.

(iiij d.) Johanna de Stoneye.

(iij d.) uxor Galfridi Moriz.

(iij d.) Isabella de Stoneye quia non vult permittere socios suos temptare cervisiam suam. Presentata est per prepositum.

(iij d.) Item Agnes Caurel, gannockatrix.

(iij d.) Item Alicia Moriz, gannockatrix cervisie.

(iij d.) De Simone Buk &lt;iij d.&gt;, Willelmo Persoun &lt;iij d.&gt;, Thoma Pope tastatores quia non fecerunt officium suum etc.

(xij d.) De Agnete Pappe gannokatrice quia vendidit panem et cervisiam contra defensum totius villate eo quod habetur male suspicionis. Et preceptum est amovere eam.

(iij d.) De Alicia Morice gannockatrice de pane pro eodem.

**293** (plegius non placuit quia pauper) Item presentant quod Alicia Moriz nativa domini fecit leyrwyte cum Willelmo le Couherde.

(plegius non placuit quia pauper) Et quod Cecilia le Gardener fecit similiter cum Thoma Lynde.

(vj d.) Et quod Agnes de Tilbrok fecit similiter cum filio Johannis Cok messoris.

**294** (viij d.) Et quod Agnes le Hasteler fregit assisam panis.

**295** (ij d.) Et quod Henricus Corner non fuit justicabilis capitali plegio suo.

**296** (ij d.) Item presentant quod Adam de Norf' levabit juste hutesium super Johannem de Shirburn <ij d.> capellanum.

**297** (vj d.) Item quod Ricardus Kede recepit garcionem warennii cum dimidiam buscelli bladi asportati in autumpnum contra le Belaghe.

**298** (iij d.) Item presentant quod Henricus Smerles vendidit j^{Ml} turbas contra defensum.

(iij d.) Et quod Johannes Smerles fecit eodem modo j^{Ml}.

(j d.) Et quod Thomas Overthewater fecit eodem modo v^{C}.

(iiij d. ob.) Et quod Anota atte Heth fecit eodem modo j^{Ml} v^{C}.

**299** (ij d.) Item quod Willelmus Lovechild falcavit in separali marisco domini subtus parcam.

(j d.) Et quod Willelmus Aunfrey fecit similiter de xx garbis.

(ij d.) Ex quod Galfridus Scut fecit de xx garbis.

(iij d.) Et quod Simon Pope fecit similiter de xx garbis.

**300** Defectus decenarii.

(iij d.) De Simone Pope capitali plegio quia non habet Petrum le Keu.

(iij d.) De eodem quia non habet Walterem le Wrighte.

(iij d.) De eodem quia non habet Petrum filium Petri le Cok.

(iij d.) De Simone le Sauser capitali quia non habet Johannem le Eyr.

iij d. De Roberto le Smyth capitali plegio quia non habet Johannem Rote.

iij d. Et eodem quia non habet Radulfum le [Wayt]e.[34]

iij d. Et eodem quia non habet Henricum Corner.

(iij d.) Johannes filius Mabill de Hille dat domino iij d. ut amoveatur..... [ms. damaged].

(xxij d.) De xj capitalibus plegiis in misericordia quia concelaverunt Johannem filium Gilberti le Bercher extra decenna.

---

[34] ms. holed.

**301** De Petro le Keu quia non venit.
De Waltero le Wrighte pro eodem.
De Petro filio Petri le Cok pro eodem.
De Johanne le Eyr quia non venit.
De Johanne Rote pro eodem.
De Radolfo le Wayte pro eodem.
De Henrico le Corner pro eodem.
De Johanne filio Gilberti le bercarii pro eodem.

**302** (Demissio molendini) Sciente quod molendinum istius manerii dimittitur hoc anno Stephano molendinario pro quinque marcis per plegios Johannis Columbers et Thome Pope etc.

**303** Summa xxvij s. iiij d.

# XXV

## Court, 9 May 1325

*Two essoins. Request for leave to agree in a plea of debt. Amercements for failing to repair Emma Pope's wall. Order to attach three defendants for making dung-heaps in the lord's meadow (but two paid amercements before court was concluded). Admissions to a cotland and to a half-land. Amercements for default.*

[*membrane* 9d]

Dounham. Curia ibidem die Jovis proxima post festum Sancti Johannis ante Portam Latinam anno infrascripto.[35]

**304** [Essonia] Simon de Keton de communi per Willelmum Persoun. Primo.
Prior de Ely de eodem per Galfridum Scut. Tertio.

**305** (m ij d.) Willelmus de Stoneye queritur versus Simonem Pope de placito debiti. Venit et petit licenciam concordandi et ponit se in misericordia.

---

[35] At the top of the membrane is the additional heading referring to the whole year on both sides of the membranes: *Curie ibi. Dounham Curie ibidem a festo Sancti Michaelis anno xviij usque ad idem anno revoluto.*

**306** (m ij d.) De Johanne Columbers quia non reparavit muros juxta tenementum Emme Pope sicut ei injunctum erat ad ultimam curiam.

(m ij d.) De Johanne Sherman pro eodem.

(m ij d.) De Johanne de Stretham pro eodem.

m ij d. De Galfrido le Smyth pro eodem.

m ij d. De Ade Buk pro eodem.

m ij d. De Simone le Breuster pro eodem.

**307** (preceptum est) Preceptum est attachiare Johannem Smerles, Henricum Jecob et Thomam atte Hith quia fecerunt fimarium in pratis domini etc. ad dampnum etc.

**308** (finis ij s.) Ricardus Kede sursum reddidit in manum domini unum cotagium continentem unam acram terre de bondagio domini ad opus Agnetis filie Thome de Merch, que venit et dictum cotagium capit de domino tenendum sibi et sequele sui secundum consuetudinem manerii. Et dat domino pro ingressu ij s. per plegium Radulfi Kede.

**309** (finis xl d.) Robertus Buk qui tenuit dimidiam plenam terram de homagio domini obiit. Et venit Anota filia eius et dictam dimidiam plenam terram cepit de domino tenendum sibi et sequele sue secundum consuetudinem manerii et dat domino pro ingressu xl d. per plegium Simonis Pope.

(finis x s.) Et super hoc venit predicta Anota que plene etatis est videlicet viginti annorum prout compertum est per totum homagium et medietatem dicte plene terre sursum reddit domino ad opus Simonis Sausor qui venit et dictam medietatem cepit de domino tenendum sibi et sequele sue secundum consuetudinem manerii. Et dat domino pro ingressu. x s.

**310** (iij d.) De Thoma atte Heth quia fecit fimarium in prato domini ad dampnum etc.

(iij d.) De Johanne Smerles pro eodem.

**311** (Defalta iiij d.) Johannes Hayt <ij d>, Galfridus Cardinal <ij d.> faciunt defaltam.

**312** Afferatores { Simon Pope / Willelmus Persoun } Juratores

Summa xvij s. iiij d.

81

# XXVI

## Court, 24 September 1325

*Plea of debt: agreement to pay. Amercement of the third defendant (see items 307, 310) for making a dung-heap in the lord's meadow. List of Custodians of the Bylaw. Presentments for damage to the lord's meadow with horses, sheep and pigs, for failing to do harvest work, breaking the Bylaw, gathering and taking the lord's peas and damage to the lord's corn with cattle. Resignation of hayward on account of infirmity and election of new hayward. Admission of debts to miller. Surrenders of tenements because of infirmity.*

Dounham. Curia ibidem die Martis proxima post festum Sancti Matthei Apostoli anno regni Regis Edwardi filii Regis Edwardi xix°.

**313** Radulfus Valentyn queritur de Willelmus Persoun de placito debiti.

**314** (Cognitio) De Willelmo Persoun pro licencia concordandi cum Radulfo Valentyn de placito debiti. Et est concordatus eisdem quod predictus Willelmus recognoscit se teneri predicto Radulfo in xxxiij s. vj d. pro iiij quarteria brasei et dimidia sibi solvere ad festum Sancti Martini proximum venturum. Et nisi fecerit concedit etc. per plegium Willelmi de Stoneye.
    (m iij d.) Et predictus Willelmus pro injuste detentione in misericordia.

**315** (m iij d.) De Henrico Jacob quia posuit fimarium in prato domini ad dmpnum per plegium Willelmi Persoun.

**316** (Custodes del Bylawe):

| | |
|---|---|
| Willelmus Persoun | Simon Cok |
| Willemus Scut | Ricardus Kede |
| Johannes Columbers | Galfridus Scut |
| Radulfus Elyot | Simon Pope |
| presentati sunt per messorem. | |

**317**  Johannes Hayt <vj d.> fecit dampnum in prato domini cum ij equis.

  Et quod Willelmus Starlyng <iij d.> fecit similiter cum j equo.
  Et quod Robertus le Carter <iij d.> fecit similiter cum j equo.
  Et quod Simon Kede <iij d.> fecit similiter cum j jumento.
  Et quod Johannes Chyld <iij d.> fecit similiter cum j equo.
  Et quod Radulfus Elyot <iij d.> fecit similiter cum j equo.
  Et quod Galfridus Faber <iij d.> fecit similiter cum j equo.
  Et quod Galfridus Scut <vj d.> fecit similiter cum xviij bidentibus.
  Et quod Hugo Mercar' <vj d.> fecit similiter cum suis bidentibus.
  Et quod Nicholaus Scut <ix d.> fecit similiter cum suis bidentibus.
  Et quod Simon Cardinal <vj d.> fecit similiter cum suis bidentibus.
  Et quod Willelmus Starlyng <iij d.> fecit similiter cum ij porcis.
  Et quod Johannes Child <ij d.> fecit similiter cum j porco.
  Et quod Simon Kede <ij d.> fecit similiter cum j porco.
  Et quod Johannes Sherman <vj d.> fecit similiter cum iij porcis.
  Et quod Galfridus Faber <vj d.> fecit similiter cum iij porcellis.

**318**  Et quod Simon Sauser <vj d.> non messuit blada domini.
  Et quod Ricardus le Carpenter <iij d.> fecit similiter.
  Et quod Ricardus Kede <iij d.> fecit similiter.
  Et quod Robertus le Carter <iij d.> fecit similiter.
  Et quod Galfridus Faber <iiij d.> fecit similiter.
  Et quod Ricardus Aunfrey <ij d.> fecit similiter.
  Et quod Simon Cardinal <iij d.> fecit similiter.
  Et quod Katerina Sauser <ij d.> fecit similiter.

**319**  Et quod Willelmus Poute <iij d.> fregit bilegium.
  Et Galfridus Faber <vj d.> et Agnes Godelef' <ij d.>.
  Et Johannes Man <ij d.> et Margareta Hounce <ij d.>.
  Et Johannes Porter <iiij d.> et Agnes uxor eius.
  Et Radulfus Vaccarius <vj d.> et Margar' Burmondays <ij d.>.
  Et Agnes Brewster <ij d.> et Stephanus molendarius <ij d.>.
  Et Cassandra Broun <ij d.> et uxor Hugonis Hockele <ij d.>.
  Et Agnes Wryght <ij d.> et filius Katerine Pope <ij d.>.
  Et filia Johannis Columbers <ij d.> et filius Radulfi Elyot <ij d.>.
  Et Robertus le ... <iiij d.> et uxor eius.
  [Et] filius Thome Pappe <ij d.> et Juliana Brewestere <ij d.>.
  Et filius Roberti ... <ij d.> et uxor Simonis Kede.
  Et Galfridus Morice et ...
  Et uxor Johannis Chyld <ij d.> et Isabella de Stoneye <ij d.>.
  Et Adam le Hayward <ij d.> et Agnes uxor Hasteler <ij d.>.
  Et filius Willelmi Persoun <ij d.> et Katerina Waryn <ij d.>.
  Et Hugo Doket <ij d.> et filius Johanni le Eyr <ij d.>.
  Et Thomas Houce <iiij d.> et uxor eius.

Et Margereta Bercar' <condonatur quia pauper> et serviens Roberti Carter <ij d.>.

Et Johannes Pappe <vj d.> similiter ... et filius et filia eiusdem.

Et Petrus ... illate <ij d.> et Juliana Gardiner <ij d.>.

Et Johannes [?]Brewester <iiij d.> et ...

Et Johannes Hayt <vj d.> et uxor eius et filius eorundem.

Summa xiij s. x d.[36]

**320** Simon Broun custos in campis presentat quod Johannes Porter <iiij d.> et uxor eius collegerunt et asportaverunt de pisis domini contra [defensum].

Galfridus Moriz <iiij d.> et uxor eius similiter.

Johannes Pappe <iij d.> et uxor eius et Johannes filius eorundem.

Gilbertus le Swon et Simon serviens eius fecerunt eiusdem.

Robertus Houce et uxor eius.

Johannes filius ... Duket <j d.>.

Thomas Hunte <ij d.> et uxor eius.

Johannes filius Johannis le Eyr <ij d.>.

Thomas filius Isabelle Moriz et filius eiusdem <ij d.> de Ely.

Matilda filia eiusdem <ij d.>.

Agnes ... et filius eius <ij d.> et filia Margarete ...

Johannes ... et Johannes filius Alanis Moriz.

Agnes filia eiusdem Alani <ij d.>.

Agnes filia ... et Juliana filia Johannis Brewster.

Simon filius ... <ij d.> et serviens prepositi.

Johannes Hayt et uxor eius et ... et Johanna filie eorum.

Agnes Canerel et ... uxor Johannis Ston.

Johannes filius ...

Et ... <ij d.> collegit j buscellum et dimidium ...

Et ... <ij d.> collegit j quarterium.

Et Galfridus Smyth <ij d.> collegit j quarterium.

**321** Et quod Johannes ... <ij d.> fecit dampnum in bladum domini cum vij boviculis.

Et Simon Hayt <ij d.> cum j vacca et j vitulo.

Et Simon ... <ij d.> cum j boviculo.

Et Simon Cardinal <vj d.> cum iiij vaccis.

Et ... fil ... cum j boviculo.

Et Johannes Bron cum j vacca.

Et Stephanus Columbers cum j vacca et ij vitulis.

Et Radulfus ...

Et Johannes Porter cum j vitulo.

---

[36] Much of the lower part of membrane 9, containing items **319–26,** is badly rubbed and can be read only with difficulty. Parts illegible to the editor are indicated by ellipses. A total, *xvj s. xij d.,* apparently referring to items **317–19,** is given in the margin.

Et Thomas Hoke cum ij vitulis.
Et Cecilia Bachoke cum j boviculo.
Et Henricus Ferde cum j boviculo.
Et Matilda Starling cum j vacca.
Et Willelmus Starling cum j vacca.
Et Johannes le Eyr cum j vacca.

**322** Et octo custodes del Bylaw presentant quod Robertus de Stoneye <xij d.> falcavit de pisis et ... domini.
[*continued in 3½ illegible lines*]
Summa xij s. ij d.

**323** (Electio messoris ij s.) Totum homagium elegit Galfridum Cardinal ad officium messoris. Et dimittitur Simon Cardinal propter infirmitatem et predictus Simon dat domini ij s. pro dimissione.

**324** (Cognitio) Willelmus de Stoneye cognovit se debere Jacobo [Colum]ber rectori ecclesie de Dounham de decime molendini a retro existente de anno xviij.
(Cognitio) Simon Pope cognovit se debere eodem Jacobo de decime molendini predicti ... de anno xvij.

**325** Nicholaus de whelwryghte de Ely venit in curiam et sursum reddit in manum domini j acram sibi dimissam ad firmam propter impotentiam. Et fecit securitatem.
Johanna de Stoneye venit hinc in curia et sursum reddit in manu domini propter impotentiam. Et fedit securitatem ...

**326**

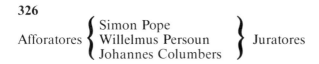

Afforatores { Simon Pope / Willelmus Persoun / Johannes Columbers } Juratores

Summa [?]xxxj s. vj d.

# XXVII

## Court and Leet, 16 December 1325

*Request for leave to agree. Result of inquest about detinue of 40d. Admissions to a messuage with seven acres of land and a close.*

The Leet. *List of Capital Pledges. Presentments for breach of the Assize of Bread and Ale. Order to confiscate chattels of an absconder, Geoffrey son of John of Wereham, accused of larceny: list of chattels. Presentments for rightful hue and cry: order to attach one defendant who did not respond to hue and cry: amercement of his pledges. Presentments for grazing on the common land by a non-commoner, for offences in connection with the folding of sheep, for adultery and marriage without leave; for encroachment, for causing a nuisance with dung-heaps, damage to meadow with pigs, sales of sedges and turves; for another encroachment, damage to meadow with carts, theft of the lord's turves and for tithing offences. Common fine. Excusal of half of the amercements for sales of turves and sedge, 14s. 11½d.*

[*membrane* 10]

Dounham. Curia ibidem die Lune proxima post festum Sancte Lucie Virginis anno regni Regis Edwardi filii Regis Edwardi decimo nono.

**327**   (m vj d.) De Adam Buk pro licencia concordandi cum Simone filio Mabilie in placito transgressionis per plegium messoris.

**328**   (m vj d.) Compertum est per inquisitionem quod Simon Sauser detinet Ricardo le Wright xl d. quos ei debuit quos curia considerat quod recuperet. Et pro injusta detentione in misericordia.

**329**   (finis j marca) Simon Cardinal venit hic in curia et reddit sursum in manum domini j mesuagium cum septem acras terre custumarie. Et super hoc venit Galfridus filius dicti Simonis et cepit dictum mesuagium et dictam terram de domino tenendam sibi et sequele sue per consuetudines et servicia que ad dictum tenementum pertinent. Et dat domino de fine pro ingressu habendo. Postea in plena curia concedit idem Galfridus predicto Simoni predictum mesuagium et predictam terram tenendam ad terminum vite eiusdem Simonis. Et idem Simon faciet consuetudines et servicia que ad dictum tenementum pertinent ad totam vitam suam virtute dicte concessionis etc.

**330** (finis xij d.) Simon Pope venit hic in curia et reddit sursum in manum domini j placeam inclusam continentem iiij perticas in longitudine et latitudine ad opus Johannis de Columbers. Qui venit et dictam placeam cepit de domino tenendam sibi et heredibus suis successive ad voluntatem domini. Et dat domino de fine pro ingressu.

**331** Summa xv s. iiij d.

Leta ibidem eodem die tenta

**332** Capitales Plegii

| | |
|---|---|
| Simon Pope | Willelmus Persoun |
| Willelmus de Stoneye | Simon Buk |
| Thomas Pope | Simon le Sauser |
| Simon Cardinal | Robertus le Cartere |
| Galfridus Scut | Johannes Cok |
| Robertus le Smyth | Ricardus Kede |

**333** Jurati presentant quod omnes pistores et braciatrices infrascripti fregerunt assisam videlicet:
(p[anis] v d.) Agnes Hasteler fregit assisam panis.
(Condonatur) Margareta Pope fregit assisam cervisie.
(vj d.) Katerina Pope.
(vj d.) Willelmus de Stoneye.
(vj d.) Isabella Moriz.
(vj d.) Willelmus Persoun.
vj d. Alicia Moriz fecit similiter.
vj d. Agnes de Pulham.
[*amercement erased*] Agnes Hasteler.
vj d. Johanna de Stoneye.
vj d. Simon Buk.
vj d. Simon filius Johannis fecit similiter.
vj d. Margeria uxor Johannis le Eyr.
vj d. Beatrix Buk.
xij d. Agnes uxor Roberti le Smyth.
vj d. Thomas Pope tastator non fecit officium.

**334** (preceptum est inquirere) Item presentant quod quidam Galfridus filius Johannis de Wyrham fugit de Dounham occasione cuiusdam indictamenti latrocinii super ipsum facti. Et habet catalla in possessione Johannis le Swon in Hadenham videlicet iij bidentes pretii cuiuslibet caput xviij d., et vj vellera pretii cuiuslibet vellus vj d. Et preceptum est.

87

**335** (iij d.) Et quod Juliana la Brewestere levavit hutesium super Johannem Columbers et juste.

(iij d.) Et quod eadem Juliana levavit hutesium super Johannem filium eiusdem Johannis et juste. Et quia idem Johannes filius Johannis non venit ad letam, preceptum est ipsum attachiare etc. quod sit hic ad proximam letam ad respondendum predicte Juliane de transgressione facta contra pacem.

(vj d.) De Radulfo Elyot et Roberto Aleyn plegiis predicti Johannis filii Johannis quia non habent ipsum ad letam ad respondendum de predicta transgressione.

**336** (vj d.) Et quod Anota del Hithe sustinet j boviculum et j juvencam de Johanne de Shelleye in communa ad dampnum communariorum sine licencia.

**337** (xij d.) Et quod Philippus Lovechild habet in faldam Simonis Pope xv bidentes et agnos ubi ullus socarius debet habere faldam sine licencia domini.

(xviij d.) Et quod Adam Buk habet quinquaginta bidentes jacentes in falda dicti Simonis sine licencia domini.

(xviij d.) Et quod Galfridus Scut habet quadraginta bidentes jacentes in eadem falda sine licencia domini.

Ideo preceptum est omnes predictos bidentes a predicta falda amovere etc.

**338** (iij d.) Et quod Anota filia Johannis le Sauser fecit leyrwyt cum Willelmo de Hochum.

**339** (finis xl d.) Et quod Avicia filia Roberti Buk maritavit se Ricardo filio Alani sine licencia domini. Postea venit dictus Ricardus et fecit finem cum domino per plegium Simonis Scut.

(finis xij d.) Et quod Alicia Moriz nativa domini maritavit se Willelmo Bondel sine licencia. Postea fecit finem cum domino per plegium Galfridi Moriz.

**340** (vj d.) Et quod Willelmus de Stoneye appropriavit sibi de j fossato versus portam manerii latitudine j pedis et longitudine vj perticarum. Ideo in misericordia.

(iij d.) Et quod idem Willelmus artavit communem viam que ducit versus Dounham hythe in longitudine xxx perticarum et in latitudine j pedis. Ideo in misericordia.

(iij d.) Et quod idem Willelmus artavit quamdam venellam vocatam Cardinales Lane in longitudine quinque perticarum et in latitudine j pedis. Ideo etc.

(iiij d.) Et quod Johannes Warin appropriavit sibi de j fossato versus portam manerii in longitudine iiij perticarum et in latitudine j pedis. Ideo etc.

(xij d.) Et quod Johannes Sherman artavit quamdam divisam per x pedes in longitudine et per j pedem in latitudine. Ideo reparetur et sit in misericordia.

**341** (vj d.) Et quod idem Johannes posuit fimarium in communi et de solo domini abduxit cum fimario ad nocumentum. Ideo in misericordia.

(iiij d.) Et quod Johannes Warin fecit similiter apud Overstrete.

iiij d. Et quod Simon Waryn facit similiter. Ideo in misericordia.

vj d. Et quod Johannes le Breuster facit similiter. Ideo in misericordia.

**342** (x d.) Et quod Johannes Cok fecit dampnum in pratis domini cum v porcis.

(vj d.) Et quod Johannes Aumfrey fecit similiter cum iij porcis.

(iij d.) Et quod Galfridus Scut fecit similiter cum j porco.

(vj d.) Et quod Simon Pope fecit similiter cum viij porcis.

(iiij d.) Et quod Rector ecclesie fecit similiter cum iiij porcis.

(iiij d.) Et quod Johannes <Sherman> fecit similiter cum iij porcis.

(iij d.) Et quod Johannes Columbers fecit similiter cum ij porcis.

(iiij d.) Et quod Robertus Faber fecit similiter cum ij porcis.

(iij d.) Et quod Willelmus de Stoneye fecit similiter cum ij porcis.

(iij d.) Et quod Johannes le Eyr fecit similiter cum ij porcis.

(iiij d.) Et quod Willelmus Starlyng fecit similiter cum ij porcis.

vj d. Et Adam Buk fecit similiter cum ij porcis.

viij d. Et quod Galfridus Faber fecit similiter cum vj porcis.

ij d. Et quod Agnes Scot fecit similiter cum j porco.

ij d. Et quod Simon Buk fecit similiter cum j porco.

iiij d. Et quod Hugo Duket fecit similiter cum ij porcis.

vj d. Et quod Johannes <Fox> fecit similiter cum ij porcis.

ij d. Et quod Thomas Pope fecit similiter cum j porco.

ij d. Et quod Simon Kede fecit similiter cum j porco.

iij d. Et quod Johanna de Stoneye fecit similiter cum j porco.

iij d. Et quod Johannes Child fecit similiter cum j porco.

**343** (iiij s.) Et quod Simon Cardinal vendidit ij$^M$ de lesch' sine licencia.

(xij d.) Et quod Willelmus Scut vendidit similiter D de lesch' sine licencia.

(v d.) Et quod Robertus Aleyn vendidit similiter ij$^C$ de lesch'.

(v d.) Et quod Simon Kede vendidit similiter ij$^C$ de lesch'.

(ij s.) Et quod Willelmus Aumfrey vendidit j mille de lesch'.

(ij s.) Et quod Philippus Lovechild vendidit j mille de lesch'.

(xij d.) Et quod Ricardus Kede vendidit similiter D de lesch'.

(xij d.) Et quod Galfridus Scut vendidit similiter D de lesch'.

(xij d.) Et quod Simon Buk vendidit similiter D de lesch'.

(ij s.) Et quod Ricardus Aumfrey vendidit j mille de lesch'.

xij d. Et quod Willelmus Persoun vendidit similiter D de lesch' sine licencia.

ij d. ob. Et quod Robertus Faber vendidit similiter j centum de lesch'.

xij d. Et quod Galfridus Faber vendidit similiter D de lesch'.

xij d. Et quod Simon filius Mabille vendidit D de lesch'.

xij d. Et quod Ricardus filius Alani vendidit D de lesch'.

ij s. Et quod Simon Sauser vendidit similiter j mille de lesch'.

xij d. Et quod Thomas Pope vendidit similiter D de lesch'.

xij d. Et quod Radulfus Elyot vendidit similiter D de lesch'.

vij d. ob. Et quod Johannes Cok vendidit similiter iij$^C$.

ij d. Et quod Johannes Aumfrey vendidit similiter j centum de lesch'.

**344** (v d.) Et quod Ricardus Kede vendidit D turbarum pretii xij d.

(x d.) Et quod Philippus Lovechild vendidit j [mille] turbas.

(v d.) Et quod Ricardus filius Alani vendidit D turbas.

(v d.) Et quod Simon Buk vendidit D turbas.

(v d.) Et quod Johannes Aumfrey vendidit D turbas.

(iiij d.) Et quod Ricardus Aumfrey vendidit iiij$^C$ turbas.

v d. Et quod Simon Sauser vendidit D turbarum pretii xij d.

x d. Et quod Simon filius Mabille vendidit j mille turbas.

x d. Et quod Willelmus Aumfrey vendidit j mille turbas.

v d. Et quod Galfridus Scut vendidit D turbas.

iv d. Et quod Johannes Cok vendidit iiij$^C$ turbas.

v d. Et quod Willelmus Persoun vendidit D turbas.

**345** (iij d.) Item presentant quod Galfridus Faber injuste levavit quoddam fossatum in prato Simonis de Ketene apud Thourches Dyche. Ideo reparetur et sit in misericordia.

(iij d.) Et quod idem Galfridus et manupastus suus fecerunt viam in eodem prato cum carectis et equis ad dampnum ipsius Simonis iij d. Et pro transgressione in misericordia.

(vj d.) Et quod Johannes Hayt et Johannes filius eius fecerunt eodem modo ad dampnum ipsius Simonis iij d. quos curia considerat quod recuperet. Et pro transgressione in misericordia.

(ij d.) Et quod Johannes Chyld fecit viam ibidem cum carecta ad dampnum taxatum ad iij d. quos curia considerat quod recuperet. Et pro transgressione in misericordia.

**346** (vj d.) Item presentant quod Robertus le Honte asportavit j centum et dimidiam turbarum domini extra mariscum ad dampnum iij d. etc. Et pro transgressione in misericordia.

**347** (Defalte decennarii)

(iij d.) De Petro le Ku quia non venit ad letam.[37]

(iij d.) De Hugone filio Johannis le Brewester pro eodem.

(iij d.) De Simone Pope capitali plegio quia non habet predictum Petrum et Hugonem.

(iij d.) De eodem Simone pro amotione Petri le Keu extra decennam.

(iij d.) De eodem Simone pro amotione Petri filii dicti Petri extra decennam.

(iij d.) De Simone Corner quia non venit ad letam.

(vj d.) De Johanne Cok pro amotione dicti Simonis extra decennam et quia non habet dictum Simonem.

iij d. De Petro filio Petri le Keu qui non venit ad letam.

iij d. De Simone Pope capitale plegio quia non habet predictum Petrum.

iij d. De Johanne filio Gilberti Swon quia non venit ad letam.

iij d. De Willelmo de Stoneye capitale plegio quia non habet predictum Johannem.

iij d. De eodem Willelmo pro amotione dicti Johannis extra decennam suam.

iiij d. De Johanne Larke quia non est justiciabilis capitalis plegii sue.

ij s. De predictis transgressoribus in pratis domini cum porcis de dampno taxato.

**348** (dimidia marca) capitales plegii dant domino de communi fine.

**349** Summa lxxij s. Medietas turbarum et lescharum condonatur, videlicet xiiij s xj d. ob.

Afforatores { Simon Pope / Johannes Columbers } Juratores

---

[37] The entries for Peter le Ku and his son Peter struck through with the annotation *Condonatur ad instantiam domini J. de Elmham*.

# XXVIII

## Court, 28 January 1326

*Plea of trespass by Clement the Brewster against the hayward, John le Eyr, for letting sheep feed on his peas: defence by John, subsequent agreement and amercement. Plea of debt by Robert the chaplain against Simon Cardinal for 35s. and a bushel of wheat. Admission of debt, amercement and subsequent agreement to pay in two parts.*

Dounham. Curia ibidem die Martis proxima post festum Conversionis Sancti Pauli Apostoli anno supradicto.

**350** (m iij d.) Clemens le Brewester queritur de Johanne le Eyr de placito quare cum idem Johannes fuit electus in communem messorem per assensum totius communitatis et ville de Dounham ad custodiendum blada crescentia in campis etc., idem Johannes permisit bidentes Nicholai Scut et aliorum depascere vesturas dimidie acre pisarum crescentium ad dampnum ipsius Clementis xl d. Et dictus Johannes venit et defendit etc. Postea partes per licenciam curie concordati sunt. Et dictus Johannes ponit se in misericordia per plegium Willelmi Persoun.

**351** (m iij d. Cognitio) Robertus de la Grene capellanus queritur de Simone Cardinal de placito quod reddat ei xxxv solidos et j buscellum frumenti quos ei debet et injuste detinet etc. Et predictus Simon venit et non potest hoc dedicere. Ideo consideratum est quod predictus Robertus recuperet predictum debitum et predictum buscullum frumenti. Et pro detentione in misericordia. Postea predicti Robertus et Simon per licenciam curie sic concordati sunt quod predictus Simon solvet predicto Roberto predictos xxxv s. ad festum pentecosti proximum venturum et ad festum Sancti Petri ad vinculam j buscullum frumenti, per plegium Johannis Cardinal filii predicti Simonis. Et nisi fecerit concedit quod senescallus Insule fieri faciet de bonis etc.

**352** Summa vj d.

Afforatores { Willelmus Persoun et Johannes Columbers } Juratores

# XXIX

## Court, 29 April 1326

*One essoin. Plea of trespass: inquest showed damage in peas by pigs. Plea of trespass: inquest again supported plaintiff. Plea of trespass: inquest supported defendant: amercement for false complaint. Three Wardens of the Fen and two Coroners of Stock appointed: duties described. Amercement for marriage without leave. Presentments for failing to do work, for keeping sheep outside the lord's fold and default of suit to the mill. Order that the miller should 'return the said corn'.*

Dounham. Curia ibidem die Martis proxima post festum Sancti Marci Evangeliste anno supradicto.

**353** [Essonia] Simon de Ketene de communi — per Clementem le Brewestere. Primo.

**354** Robertus Aleyn queritur de Clemente le Brewestere de placito transgressionis. Plegius de prosequendo Simon Kede.
    Willelmis Poute queritur de Galfrido Scut de placito transgressionis. Plegius de prosequendo Willelmus de Hothum.
    Walterus de Burton queritur de Galfrido Scut de placito transgressionis. Plegius de prosequendo Johannes Cardinal.

**355** (Condonatus per senescallum) Compertum est per inquisitionem quod Clemens le Brewestere fecit dampnum in pisis Roberti Aleyn cum iij porcis ad dampnum taxatum ad viij d. quos curia considerat quod recuperet. Et pro transgressione in misericordia.

**356** (m xij d.) Compertum est per inquisitionem quod Galfridus Scut fecit transgressionem Waltero de Burton ad dampnum taxatum ad j marcam quam curia considerat quod recuperet per plegios Simonis Pope et Willelmi de Stoneye. Et pro transgressione in misericordia.

**357** (m ij d.) De Willelmo Poute pro falso clamore versus Galfridum Scut de placito transgressionis per plegium.

**358** (Custodes marisci) Willelmus Persoun, Simon Pope, Simon Sauser jurati ad salvo et secure custodiendos et presentandos omnes defectus marisci et nomina eorum qui capiunt in marisco aliquid ibidem plus quam habere debent pro housbote et heybote et firbote. Et ad custodienda et presentanda omnia averia extraneorum et eorum qui terre non tenent infra dictam villam et vertuntur communa et de eorum receptoribus et advocatoribus.

**359** (Coronatores stauri) Willelmus de Stoneye et Johannes de Columbers jurati ad superintendum stauros manerii emptiones et venditiones eorumdem et defectus eorumdem presentandum.

**360** (finis xij d.) De Willelmo Fox <de fine> quia maritavit se Agneti filie Alani carpentarii nativi domini sine licencia domini.

**361** (m ij d.) Juratores presentant quod Johannes Man non fecit opus suum de le Wodefechir.

**362** (condonatur per senescallum quia dominus habere predictas bidentes in falda sua ad...) Item presentant quod Johannes filius Johannis Cok habet iiij bidentes jacentes extra faldam domini.

(m iij d.) Et quod Ricardus filius Alani habet ix bidentes jacentes extra faldam domini.

(Condonatus est per senescallum) Et quod Johannes Columbers habet j bidentem jacentem extra faldam domini.

Et quod Willelmus de Hothum habet j bidentem extra faldam domini.

Et quod Simon Sauser j bidentem et j agnum jacentes extra faldam domini.

**363** (ij d.) Et quod Henricus Smerles molavit de molendino ad dampnum firmarii j pecke bladi pretii j d.

Et quod Johannes Hayt fecit similiter ad dampnum j pecke pretii j d.

Et quod Johannes Waryn fecit similiter ad dampnum j pecke pretii j d.

Et quod Simon Kede fecit similiter ad dampnum j peck pretii j d.

Et quod Agnes Buk fecit similiter ad dampnum j peck pretii j d.

Et quod firmarius reverserit predictum bladum pretii ut supradicta.

(m ij d.) Et quod Thomas atte Hythe fecit similiter ad dampnum j peck pretii j d.

(m ij d.) Et quod Johannes Child fecit similiter ad dampnum j peck pretii j d.

(m ij d.) Et quod Johannes Columbers fecit similiter ad dampnum j peck pretii [j d.].

(m iiij d.) Et quod Galfridus Faber fecit similiter ad dampnum j peck [pretii j d.].

(m iiij d.) Et quod Philippus Lovechild fecit similiter ad dampnum ij peck.

Preceptum est quod firmarius reverserit predictum bladum ut supra.

**364** Summa [*illegible*]

Afforatores { Simon Pope<br>Johannes Columbers } Juratores

# XXX

### Court, 27 August 1326

*Licence to agree. A case of defamation. Conveyance of a cottage and surrender of land due to poverty. Presentments by the keepers of the fen and by the coroners of the stock concerning the reeve's sale of cattle. Presentments for damage to crops with stock and for failure to do harvest work.*

[Dounham. Curia] ibidem die Martis proxima post festum Sancti Bartholomei anno regni Regis Edwardi filii Regis Edwardi vicesimo.[38]

**365** ... le Cleyere pro [licencia concordandi] cum Waltero Pappe de placito transgressionis, per plegium Simonis Buk.

**366** [Compertum] est per inquisitionem quod ... de Broughton defamavit Johannem de Shirbourne capellanum ad dampnum taxatum ad vj d. [quod curia] considerat quod recuperet. [Et idem] in misericordia per plegium Johannis de Columbers.

**367** Galfridus Moriz venit ... et reddit sursum in manu domini j cotagium cum iij acris terre et dimidiam ad dictam cotagium pertinentes ad opus [?]Henrici ... [qui venit et dictum cotagium] cum terre cepit de domino tenendum sibi et sequele sui ad voluntatem domini per consuetudines etc. Et dat domino pro gersuma [?]dimidiam marcam.

---

[38] Membrane 10 is the longest and therefore the outer membrane when rolled. Consequently the lower part is holed, creased, stained and rubbed. Illegible sections are indicated by ellipses.

**368** Margeria le Honte reddit sursum in manu domini iij rodas terre et dimidiam propter impotentiam et paupertatem quas habet de domino ad firmam. Et prepositus oneratur ex nunc ad respondendum de exitus quousque etc.

**369** Custodes marisci videlicet Willelmus Persoun, Simon Pope et Simon Sauser nichil presentant ad istam curiam quia presentata est in leta.

**370** Willelmus de Stoneye et Johannes de Columbers coronatores stauri presentant quod prepositus manerii vendidit ij boves per visneto xxx d. ad opus domini pro manerio de Shelford et per testimonium Johannis de B...
... Et ullus defectus stauri etc.

**371** Willelmus de Hothum et Galfridus Cardinal messor presentant quod ... Faber fecit dampnum in bladum domini cum ij bobus. Ideo ipse in misericordia. Plegius messor.
Et quod Johannes Sherman fecit similiter cum ij bobus.
(iij d.) Et quod Galfridus Scut fecit similiter cum ij bovettis.
(iiij d.) Et quod Clemens Braciator fecit dampnum in pisis domini cum ij equis.
(iij d.) Et quod Simon Pope fecit similiter cum iij equis.
(j d.) Et quod Johannes Child fecit similiter cum j porco.
(iij d.) Et quod Willelmus de Stoneye fecit similiter cum iiij porcis.
(iij d.) Et quod Robertus Faber fecit similiter cum iij porcis.
(ij d.) Et quod Galfridus Moriz fecit similiter cum j porco.
(ij d.) Et quod Henricus Sauser fecit similiter cum j porco.

Respice in tergo

[*membrane* 10d] Adhuc de curia die Lune proxima post festum Sancti Bartholomei.

Et quod Johannes de Columbers fecit dampnum in pisis domini cum iij porcis.
Et quod Willelmus de Stoneye fecit dampnum in frumento domini cum iij pullanis.
Et quod Galfridus Scut fecit dampnum ibidem cum vj agnis.
Et quod idem Galfridus fecit dampnum in ordeo domini cum ij porcis.

**372** Et quod Willemus Persoun non messuit bladum domini prout tenetur.
Et quod Galfridus Faber non messuit bladum domini prout tenetur.

Et quod Simon Kede <ij d.>, Willelmus Fox <ij d.>, Willelmus de Stoneye, Willelmus Persoun <j d.> non collegerunt pisas domini prout debuerunt.

**373** Et quod Nicholaus Scut <ij d.>, Simon Buk <ij d.>, ..., Johannes Aumfrey <ij d.>, Galfridus Scut <ij d.>, Adam Buk <ij d.>, Ricardus Aumfrey <ij d.> et Galfridus Faber <ij d> fecerunt quamdam semitam communem... crescente ad dampnum domini etc.

**374** Summa iij s. vj d.[39]

# XXXI

### Court and Leet, 4 December 1326

*Amercements for theft of corn and for failing to appear in a plea. Request for leave to agree. Agreement to pay a debt of twenty shillings for corn. Admission to house and half-land. List of jurors. Common fine. Presentment for breach of Assize of Bread and Ale. Prices of various grades of wheat. Presentments for hue and cry rightly raised and for hamsoken, for marriage without leave, for neglecting care of ditches, for making a dung-heap on the common, for damage to crops with stock, encroachment on common land and sale of sedges and turves contrary to the rules. Order for enquiry about theft of sedges from the lord's private fen. Presentments for tithing offences. Handing over of the cows of the manor for one year and all other stock for six months to Robert Hasteler. Lease of mill for one year.*

[*membrane* 11]

Dounham. Curia ibidem die Jovis proxima post festum Sancti Andree Apostoli anno regni Regis Edwardi filii Regis Edwardi vicesimo.

**375** (m ij d.) De Johanne Man pro injusta detentione xij garbarum bladi Willelmo de Hothum per plegium messoris.

---

[39] The heading and essoins only of Court XXXV are here duplicated, but with the note of cancellation *Vacat quia de anno sequente.* It was evidently an error which the writer soon realised. That he could make such a mistake confirms that the roll was not then in its present form.

**376** (iij d.) De Waltero le Brewestere de Ely quia non est presens versus Willelmum Persoun de placito debiti, per plegium eiusdem Willelmi.

**377** (iij d.) De Henrico le Tailliour pro licencia concordandi cum Simone.

**378** (Cognitio) Willelmus Persoun summonitus fuit ad respondendum Johanni le Fisshere de placito quod reddat ei xx s. quos ei debet et injuste detinet. Et dictus [Johannes] queritur quod eodem Willelmo xx s. pro certo blado ab eodem empto solvendos ad certum diem etc. Predictus Willelmus predictos denarios nondum reddit set adhuc ad dampnum etc. Et predictus Willelmus venit et non potest hoc dedicare. Ideo consideratum est quod predictus Johannes recuperet predictos xx s. Et dictus Willelmus in misericordia. Postea sic concordatum est inter partes quod predictus Willelmus solvet medietatem predicti debiti eidem Johanni ad festum Nativitatis Sancti Johannis Baptiste proximum venturum et aliam medietatem ad festum Sancti Michaelis proximum sequentem. Et nisi fecerit concedit idem Willelmus quod Walterus de Ely fieri fecerit de bonis.

**379** (Gersuma xx s. herietum xvj d.) Willelmus Aumfrey de Dounham et Amicia uxor eius venerunt hinc in curia et unanimi assensu et voluntate reddiderunt sursum in manum domini unum mesuagium et unam dimidiam plene terre de bondagio domini ad opus Willelmi filii Philippi Lovechyld. Qui quidem Willelmus filius dicti Philippi venit et dictam terram cepit de domino tenendum sibi et sequele sue in villenagio per consuetudines et servicia que ad dictum mesuagium et dictam terram pertinent. Et dat domino pro ingressu in gersumam xx s. per plegium Simonis Pope. Et dictus Willelmus Aumfrey dat pro licencia xvj d.

Leta ibidem eodem die tenta

**380** (Capitales plegii):

| | |
|---|---|
| Simon Pope | Willelmus Persoun |
| Thomas Pope | Simon Buk |
| Simon Cardinal | Robertus le Carter |
| Robertus le Smyth | Johannes Cok |
| Willelmus de Stoneye | Galfridus Scut |
| Simon le Sauser | Ricardus Kede |

(dimidia marca) Capitales plegii dant domino de certo fine dimidiam marcam.

**381** Et presentant quod Alicia Scot <iij d.> regratiatrix panis vendidit contra assisam.

Et quod Alicia Moriz <nichil hic quia eodem> regratriatrix panis vendidit contra assisam.

98

Et quod examinatio panis non potest fieri sine certo pretio bladi. Dictum est predictis juratis quod ipsi certificent de certo pretio frumenti, etc. Qui dicunt super sacramentum quod quarterius melioris frumenti valuit mercati iij s. vj d. Et quarterius mediocris frumenti iij s. iiij d. Et quarterius simplicioris frumenti iij s.

(finis xij d.) Unde compertum est per examinationem factam super panis de cobet de quarterio Cristiane Sweyn inventus in manu eiusdem Alicie deficit de recto pondere. Pro quo defectu fecit finem. Panis wastelli eiusdem Cristiane inventus in manu eiusdem Alicie defecit de recto pondere ij s. pro quo defectu fecit finem.

**382**  (finis ij s. vj d.) Et quod Beatrix Buk <vj d>, Margaretta Pope <Condonata est quia braciator senescalli.>, Margareta le Eyr <vj d.>, Agnes Hasteler <iij d>, Mabell de Stoneye <iij d.>, Agnes le Smyth <vj d.>, Johanna de Stoneye <iij d.>, Alicia Kede <iij d.>.

(ix d.) Agnes Pope <iij d.>, Katerina Pope <iij d.>, Isabella Columbers <iij d.> braciatores fregerunt assisam cervisie. Ideo in misericordia.

(xviij d.) Et quod Willelmus Persoun <vj d.> Simon Buk <vj d.> et Thomas Pope <vj d.> tastatores cervisie ibidem non fecerunt officium suum. Ideo ipsi in misericordia.

(m iij d.) De Margareta Pope quia vendidit cervisiam cum potello non signato.

(m iij d.) De Mabella de Stoneye quia non tulit mensuras.

**383**  (m. vj d.) Et quod Agnes Pappe levavit hutesium super Willelmum Pappe et juste.

(m iij d.) Et quod Johanna uxor Roberti le Honte levavit hutesium super Margaretam Dronnileys juste.

(m iij d.) De eadem Margareta quia fecit hamsoken super Robertum le Honte.

**384**  (finem ij s.) Et quod Avicia Fox cotaria domini maritavit se sine licencia cuidam libero. Postea venit Johannes Fox pater dicte Avicie et fecit finem per plegium Willelmi de Stoneye.

**385**  (m vj d.) Et quod Adam Buk debet mundare portionem suam cuiusdam fossati quod se extendit versus Grashoue et nondum mundavit ad nocumentum.

(m vj d.) Et quod Galfridus Scut non fecit mundari portionem suam ad nocumentum.

(m iij d.) Et quod Henricus le Heyward non fecit mundari portionem suam ad nocumentum.

(m iij d.) Et quod Willelmus Persoun non fecit mundari portionem suam ad nocumentum.

(m iij d.) Et quod Simon Pope non mundavit portionem suam ibidem.

(m iij d.) Et quod Willelmus Scut non mundavit portionem suam ibidem.

(m iij d.) Et quod Galfridus Cardinal non mundavit portionem suam ibidem.

(m iij d.) Et quod Johannes Chyld non mundavit portionem suam ibidem.

m iij. Et qud Johannes Sherman posuit fimarium in communi apud Bradmedwo[de].

**386** m ij d. Et quod Willelmus Persoun fecit dampnum in blado domini cum ij boviculis.

m x d. Et quod Nicholaus Scut fecit similiter cum x bidentibus.

m iiij d. Et quod Willelmus de Stoneye fecit similiter cum ij equis et ij boviculis.

m ij d. Et quod Johannes Waryn fecit similiter cum ij boviculis.

m ij d. Et quod Johannes Doucessone fecit similiter cum j bove.

m iiij d. Et quod Matilla de Stretham fecit dampnum in blado vicinorum cum ij boviculis.

**387** m vj d. Et quod Clemens le Brewester appropriavit sibi communam in dominicis terris domini ubi nullas debet communicare ad dampnum taxatum ad vj d.

**388** (m xij d.) Et quod Galfridus Scut vendidit j mille de lesche contra ordinationem.

(m ij s.) Et quod Ricardus Aunfrey vendidit ij mille de lesche.

(m vj d.) Et quod Johannes Cok vendidit D de lesche contra ordinationem.

(m vj d.) Et quod Ricardus le Wryghte vendidit D de lesche.

(m vj d.) Et quod Simon le Sauser vendidit D de lesche.

(m iij s.) Et quod Willelmus Persoun vendidit iij mille de lesche.

(Preceptum est) Et quod prepositus habet j centum et iiij garbas de lesch falcatas in seperali et ignoravit per quem. Ideo preceptum est melius inquirere.

**389** m ij d. Et quod Johannes Cok vendidit ij$^C$ de turbis contra ordinationem.

m x d. Et quod Ricardus Aumfrey vendidit j mille de turbis.

m xv d. Et quod Ricardus Wryghte vendidit D de turbis j mille.

m v d. Et quod Simon le Sauser vendidit D de turbis.

m v d. Et quod Ricardus Kede vendidit D de turbis.

m x d. Et quod Willelmus Persoun vendidit j mille de turbis.

m ij s. vj d. Et quod Simon filius Mabel vendidit iij mille de turbis.

m v d. Et quod Johannes Smerles vendidit D de turbis.
Et quod Johannes le Clerk vendidit iij centum.

**390** (m iij d.) Et quod Johannes Pappe non est in decenna.

(m iij d.) Et quod Robertus capellanus parochialis recipiat ipsum.

m iij d. Et quod Simon filius Nicholai le Berch non est in decennam.

(m iij d.) Et quod Johannes filius Nicholai le Berch non est in decennam.

(m iij d.) Et quod Margareta mater eius receptat ipsum. Condonatur per senescallum quia pauper.[40]

(m iij d.) Et quod Hugo filius Johannis le Brewester decenne Simonis Pope facit defaltam.

(m iij d.) Et Simone Pope capitale plegio suo quia non habet predictum Hugonem.

(m iij d.) De eodem Simone pro amotione Willelmi Russel extra decennam suam.

m iij d. Et quod Simon Cardinal decenne Simonis Cardinal senioris facit defaultam.

(m iij d.) De Johanne Cok pro amotione Galfridi filii Johannis de Wyrham extra decennam.

m iij d. De Simone Cardinal senior capitale plegio suo quia non habet predictum Simonem.

**391** Summa xxxviij s. ix d.

Afferatores ⎰ Simon Pope
⎱ Johannes de Columbers ⎱ Juratores

**392** (dimissio vaccarum) Robertus Hasteler cepit a domino omnes vaccas et juvencas manerii ad firmam a festo Sancti Michaelis ultimo preterito usque ad idem festum proximum sequentem per j annum solvendo pro qualibet vacca iiij s. per annum. Et pro qualibet juvenca que nunc vitulaverit ij s. Et omnes vituli remanebunt domino. Et si dominus providerit eidem Roberto tempore firme aliquam vaccam loco juvence dictus Robertus solvet domino pro illa vacca iiij s. ut predictum est. Et dictus Robertus cepit de domino j quarterium bladi ad liberationem suam per xx septimanas. Item idem Robertus recepit de domino omnia alia averia dicti manerii salve secure et fideliter custodienda equis cum carrucarum bobus averis caruce et porcis exceptis a dicto festo Sancti Michaelis usque ad festum Pasche proximum sequentem, pro qua custodia dictus Robertus capit de domino j quarterium bladi ex conventione. Ad omnia premissa fideliter tenenda et etiam ad dictam firmam ad terminos Nativitatis Sancti Johannis Baptiste et Nativitatis

---

[40] This entry deleted.

beate Marie per equales portiones fideliter solvendum idem Robertus invenit fidejussores videlicet Willelmum de Stoneye et Willelmum Persoun.

**393** (molendinum domini) Dimittur hoc anno Stephano de Wicham molendinario pro lx s. per plegium Ricardi Kede, Simonis Sauser, et Ricardi filii Alani le Wryghte etc.

**394** Summa [*blank*]

# XXXII

## Court, 12 February 1327

*One essoin. Requests for leave to agree. Amercement for damage in corn with stock. Presentments for letting land without leave and fines from the lessees for permission to continue to hold those lands. Presentments for marriage without leave. Fine for leave to marry.*

Dounham. Curia ibidem die Jovis proxima post festum Sancte Scolastice Virginis anno [*blank*].

**395** [Essonia] Willelmus de Burgh attornatus prioris de Ely de commune — per Michelam le clerk. Primo.

**396** (m iij d.) De Galfrido le Smyth pro licencia concordandi cum Simone de Keten de placito transgressionis. Et est concordatus talis quod predictus Galfridus cognovit quod debet eidem Simone nominatam emendam ij buscelli solvendam ad festum Sancti Petri ad vinculum. Et nisi fecerit concedit etc.

**397** (m iij d.) De Stephano le Monner pro licencia concordandi cum Johanne Pappe de placito transgressionis.

(m iij d.) De Amicia filia Matille pro licencia concordandi cum Gilberto le Swon de placito transgressionis, per plegium Johannis de Columbers.

**398** (m vj d.) De Willelmus de Stoneye pro dampno facto in blado domini cum ij boviculis et ij porcis.

**399** (m iij d.) xij juratores presentant quod Robertus Aleyn dimisit Johanni le Eyr libero j acram terre de bondagio domini sine licencia ad iij vesturas quarum j transita.

(finis iij d.) De eodem Johanne de fine pro licencia tenendi dictam terram.

**400** (m iij d.) Et quod Juliana Gardyner dimisit Willelmo de Hothum dimidiam acram terre de bondagio domini sine licencia.

(m ij d.) Et quod Cecilia Bachoke dimisit eidem Willelmo unam rodam terre de bondagio domini sine licencia.

(finis condonatur) De eodem Willelmo de fine pro licencia tenendi dictam [dimidiam] acram ct j rodam terre.

**401** (m j d.) Et quod Johannes Man dimisit Phillippo Lovechild tres acras et dimidiam de bondagio domini sine licencia ad v vesturas.

(m j d.) Et quod idem Johannes dimisit Ade Buk unam acram terre de bondagio sine licencia ad iij vesturas.

(finis vj d.) De predicto Philippo de fine pro licencia tenendi predictas tres acras terre et dimidiam de bondagio sine licencia.

(finis iij d.) De predicto Ada pro licencia tenendi predictam acram terre de bondagio sine licencia.

**402** (m j d.) Et quod Johannes Man dimisit Agneti Scut dimidiam acram terre de bondagio sine licencia ad iij vesturas.

(finis iij d.) De eadem Agnete pro licencia tenendi predictam dimidiam acram terre.

(m j d.) Et quod idem Johannes dimisit Galfrido Fabro dimidiam acram terre sine licencia.

(finis j d.) De eodem Galfrido pro licencia tenendi predictam dimidiam acram terre.

**403** (m j d.) Et quod Hugo Bercarius dimisit Phillippo Lovechild quinque rodas de bondagio sine licencia ad iij vesturas.

(finis vj d.) De eodem Philippo de fine pro licencia tenendi predictas quinque rodas ad [iij vesturas].

(m j d.) Et quod idem Hugo dimisit Galfrido Fabro unam acram et dimidiam sine licencia.

(finis vj d.) De eodem Galfrido de fine pro licencia tenendi predictam acram terre et dimidiam ad iij vesturas.

(m j d.) Et quod idem Hugo dimisit Simoni Buk quinque rodas terre sine licencia.

(finis iij d.) De eodem Simone pro licencia tenendi predictas quinque rodas terre ad iij vesturas.

(m j d.) Et quod idem Hugo dimisit Ade Buk dimidiam acram de bondagio sine licencia.

(finem iij d.) De eodem Ada pro licencia tenendi predictam dimidiam acram terre ad v vesturas.

(m j d.) Et quod idem Hugo dimisit Galfrido Scut unam acram terre de bondagio sine licencia.

(finis vj d.) De eodem Galfrido de fine pro licencia tenendi dictam acram terre ad iij vesturas.

**404** (m j d.) Et quod Simon Waryn dimisit Ade Buk tres rodas terre de bondagio ad iiij vesturas.

(finis iiij d.) De eodem Ada pro licencia tenendi predictas tres rodas terre ad iiij vesturas.

**405** (m j d.) Et quod Simon Kede dimisit Nicholao Scut unam acram terre de bondagio ad iiij vesturas.

(m j d.) Et quod Johannes Child dimisit eidem Nicholao dimidiam acram de bondagio ad iiij vesturas.

(finis vj d.) De eodem Nicholao pro licencia tenendi predictam acram et dimidiam ad easdem vesturas.

**406** Et quod Margareta Vyrli maritavit se sine licencia Radulfo Faukes. Ideo etc.

(m vj d.) Et quod Amicia Scot maritavit se Ricardo Man famulo rectoris de Stretham sine licencia domini.

(m xij d.) Et quod Alicia Scot maritavit se Johanni de Wyntew famulo dicti rectoris sine licencia domini.

(m vj d.) Et quod Amicia atte Welle maritavit se Johanni Lovechild famulo cellerarii Eliensis apud Stonteneye sine licencia domini.

(gersuma ij s.) De Galfrido le Smith de gersuma pro licencia maritandi Roesiam filiam suam Roberto filio Willelmi de Stoneye.

**407** Summa xij s. vj d.

# XXXIII

## Court, 20 May 1327

*Cases of trespass and leave to agree. An action for detinue over payments on account of various agreements; the plaint deemed true but excessive. A plea concerning water taken from a pond causing fish to die rejected on inquiry. Licence for a sheepfold. A further action of debt for wages, corn and a messuage. Four defaults.*

[*membrane 11d*]

(Dounham) Curia ibidem die Mercurii in vigilia Ascencionis Domini anno regni regis Edwardi tertii post conquestum primo

**408** (m iij d. condonatur per senescallum quia pauper). Compertum est per inquisitionem quod Hugo de Kendale fecit transgressum Petro Aumfrei ad dampnum taxatum ad iij d. quod curia considerat quod recuperet. Et pro transgressio [in misericordia].

**409** (m iij d.) De Gilberto le Swon pro licenciam concordandi cum Agnetum Caurel de placito transgressionis.

**410** (m iiij d.) Simon Cardynal summonitus fuit ad respondendum Johanni Hayt de placito quod reddit ei vj s. vj d. obolum quos ei debet. Et unde queritur quod cum conputassent simul die dominica proxima post festum sancti Michaelis anno regni regis Edwardi patris domini regis nunc xviij de diversis contractibus inter eos factis, videlicet de custodia boviculorum, de lane et aliis diversis rebus etc., idem Simon post dictum compotum tenebatur ei in vj s. vj d. obolum solvendum ad festum Omnium Sanctorum proximum sequens, ad quem diem non solvit set hucusque solvere contradixit ad dampnum ipsius Johannis xv d. Et inde producit sectam. Et predictus Simon venit et bene cognovit quod debet eidem Johanni x d. Et quo ad residuum dicit quod in nullo denario ei tenetur sicut ei inponit. Et petit quod inquiratur. Et Johannes similiter. Jurates dicunt super sacramentum suum quod predictus Simon iniuste detinet predicto Johanni iiij s. ij d. obolum. Ideo consideratum est quod predictus Johannes recuperet versus eum iiij s. ij d. obolum et dampna sua taxantur per eosdem jurates ad iij d. (m iij d.) Et predictus Simon pro

105

iniusta detentione in misericordia. Et quia dictus Simon cognovit de predicto debito x d., ideo consideratum quod predictus Johannes recuperet versus eum x d. (m vj d.) Et dictus Simon pro iniusta detentione in misericordia. (m ij d.) Et quo ad residuum totius debitum, videlicet xlviij d., dictus Johannes pro excessu querele sue in misericordia.

**411** (m iij d.) Compertum est per inquisitionem quod Petrus Aumfrei fecit transgressum Hugoni de Kendale ad dampnum taxatum ad j d. quem curia consideret quod recuperet. Et pro transgressione [in misericordia].

**412** (m iij d.) Compertum est per inquisitionem quod Johannes Hayt non asportavit aquam extra stagnum Simonis Cardinal per quod pisces in dicto stagno pro defectum moriebantur sicut idem Simon eidem Johanni inponit. Ideo consideratum est quod predictus Simon nichil capit per querelam suam set sit in misericordia. Et Johannes est quietus.

**413** Simon Cardinal <non presens> queritur de Johanne Hayt de placito transgressionis, plegii de prosequendo Simon Pope, Robertus le Cartere. Et preceptum est ipsum attachiari etc.

**414** Simon Cardinal <non presens> queritur de Johanne Hayt et Juliana uxore eius et Johanna filia eorundem Johannis at Juliane de placito transgressionis, plegii de prosequendo ut supra Et preceptum est attachiantur.

**415** Galfridus Scut de Dounham nativus domini de sanguine qui tenet decem acras libere terre ex dimissione prioris de Ely in Dounham venit hic in curia et petit licenciam a domino ad habendum unam faldam centum bidentium per maius centenarium super dictam terram faldantem. Et habet licenciam habendi unam faldam super dictam terram ad certum numerum predictum. Ita quod idem Galfridus nec aliquis per ipsum ullo modi abstrahere nec attrahere oves, bidentes nec agnos custumarios qui iacere debent in falda domini tenendam dictam faldam de domino quamdiu dominus placuit per servicium duorum solidorum per terminos usuales solvendos. (Redditus. Gersuma x s.) Et dat domino pro licenciam x s.

**416** Willelmus de Stoneye summonitus fuit ad respondendum Stephano le Gleys molendinario de placito quod reddit ei viginti nonem solidos quatuor denarii obolum quos ei debet. Et unde queritur quod predictus Willelmus debet ei iiij s. et iij d. de stipendio suo a festo purificatio beate Marie anno regni regis Edwardi patris domini regis nunc xxvj$^{mo}$ et similiter iij busellis bladi de molendino de eodem tempore quo quidem tempore servivit domino ad custodiendum molendinum suum in Dounham. Et iij s. pro j annus molendini quos deberet habuisse ex conventione. Et quinque solidos quos dictus Willelmus super compotum suum fecit predictum Stephanum solvere domino de plena firma sua pro molendino domini pro quo idem Stephanus amisit proficuum dicti molendini pro unum mensem pro defectu ipsius Willelmi. Et iij s. et octo denarios quos dictus Willelmus cepit de Johanne filio Simonis in the Lane pro quoddam messuagium ipsius Stephani in the Lane nomine ipsius Stephani. Et ij s. xj d. obolum pro multura lxxj quarteria bras' domini ad festum sancti Michaelis anno regni regis patris domini regis nunc xvij. Et <ix s. di.> ij quarteria et ij busellis de blado molendini quos dictus Willelmus fecit predictum Stephani solvere ultra conventionem inter eos factam de xv quarteria bladi quos quidem denarii et bladum predicto idem Willelmus reddere contradixit et adhuc reddere contradicit ad dampnum ipsius Stephani xx s. Et inde producit sectam. Et predictus Willelmus venit et defendit etc. Et bene defendit quod in ullo denarii nec in aliquo blado ei tenetur sicut ei inponit. Et de hoc vadiat ei legem de tercia manu quam dictus Stephanus acceptat, plegii legi Simon Waryn et Ricardus Aumfrey. (Lex) Dies datus est dicto Willelmo ad perficiendum legem suam hic ad proximam curiam super summonitionem.

**417** (Defalta) Prior de Ely <vj d.>, elemosinarius Eliensis <condonatur>, Simon de Keten <vj d.>, Simon Kede <condonatur per senescallum quia infirmus> faciunt defaltum.

**418** Summa xij s. viij d.

# XXXIV

## Court, 11 August 1327

*Actions for trespass between John Hayt and Simon Cardinal. Plea for moiety of a cottage as dower. Amercements for a false claim, for damage to the lord's rye and barley and in his parks with geese, sheep, etc. Conveyance of a fishery. Fine for recovery of wool seized by court.*

(Dounham) Curia ibidem die Martis in crastino sancti Laurentii anno supradicto.

**419** (m iij d.) De Simone Cardynal quia non est presens versus Johannem Hayt de placito transgressionis.

**420** (m iij d.) De Simone Cardynal quia non est presens versus Johannem Hayt et Julianam uxorem eius et Johannam filiam eorundem de placito transgressionis.

**421**   Johannes de Hales et Isabella uxor eius petunt versus Johannem Fox de Dounham mediatatem unius cotagii cum crofto adiacente ut dotem ipsius Isabelle que eam contingit de uno cotagio quod fuit Willelmi Buntyng quondam viri sui in Dounham, quam quidem mediatatem dictus Johannes eidem Isabellam deforciat. Et predictus Johannes Fox venit et nichil dicit quare Isabella dotem inde habere non debet. Ideo consideratum est quod predicta Isabella medietatem dicti cotagii secundum consuetudinem manerii tenendum ut dotem suam.

**422**   (m iij d.) De Stephano molendinario pro falso clamo suo versus Willelmum de Stoneye de placito debiti eo quod dictus Willemus plene perfecit legem suam versus ipsum.

**423**   (m vj d.) De Willelmo de Stoneye pro dampno facto in siligio domini cum viij anotis.
   (m condonatur) De Hugone bercario domini pro dampno facto in parco vocato Adgrene cum bidentibus.
   (m vj d.) De Johanne Cakelard pro dampno facto ibidem cum bidentibus suis.
   (m iij d.) De Roberto Poute pro dampno facto ibidem cum bidentibus suis.
   (m iiij d.) De Matille Starlyng pro dampno facto in ordeo domini cum sex aucis.
   (m iij d.) De Galfrido Scut quia cepit de herbagio domini iuxta pisas domini.
   (m iij d.) De eodem Galfrido pro eodem subtus Halle Croft.
   (m vj d.) De Willelmo Starlyng pro dampno facto in ordeo domini cum ij equis.
   (m iij d.) De Willelmo Persoun pro dampno facto in parco domini cum vj aucis.

**424**   (finem iij d.) Clemens le Brewestere reddit in manum domini quandam piscariam vocatam le Ottere Dych ad opus Johannis Columbiers. Qui venit et dictam piscariam capit de domino dictam piscariam tenendam ad voluntatem domini pro servicia inde debita. Et dat domino de fine pro ingressu iij d., plegium Willelmi Persoun.

**425**   (finem xij d.) De Roberto del Brook capellano de fine pro viij libris lane rehabendis que attachiati fuerunt in curia domini xij d.

**426**   Summa iiij s. x d.

# XXXV

## Court, 25 September 1327

*Essoins. Amercements for a false claim and breaking an agreement. Offences against the Bylaw: for not reaping but gleaning, failing to cart lord's corn, damaging corn with pigs, etc. Licence to hold a cottage on lease, with exclusion of one chamber. Conveyance of a holme in villeinage. Total perquisites of the court for the full year.*

(Dounham) Curia ibidem die Veneris proxima post festum sancti Mathei apostoli anno supradicto

**427** Willelmus de Bourgh attornatus prioris de Ely de communi per Clementem Brewestere. Primo affidavit. Simon de Keten de eodem per Johannem Sherman. Primo affidavit.

**428** (m iij d.) De Radulfo Faukes pro falso clamo suo versus Johannem Hayt de placito transgressionis.

**429** (m iij d.) De Thome Pope quia fregit conventionem Roberto del Brook capellano ad dampnum taxatum ad xvj d. quod curia considerat quod recuperet.

**430** (Custodes bilegis) (m. iij d.) quod Clemens le Brewestere cariavit duas garbas super cartam suam extra campis de Johanne fratre suo contra ordinationem bilegis.
(m iij d.) Et quod idem Clemens receptavit duas feminas de Ely facientes dampnum in bladum contra bilegem.
(m iij d.) Et quod Agnes et Amicia filie Johannis Pappe non messuerunt set glenerunt contra bilegem.
(m ij d.) Et quod Amicia filia Matile fecit similiter.
(m ij d.) Et quod Amicia filia Margarete atte Well fecit similiter.
(m iij d.) Et quod Galfridus Faber non cariavit bladum domini eo tempore.
(m ij d.) Et quod Johannes Waryn fecit dampnum cum i porco.
(m iiij d.) Et quod Robertus capellanus fecit similiter cum ij porcis.
(ij d.) Et quod Amicia filia Cristiane Bachoke fecit similiter.

109

(ij d.) Et quod Anota filia Cassandre Broun fecit similiter.

(xij d.) Et quod Willelmus Scut fecit dampnum in bladum domini cum ii porcis.

(iij d.) Et quod Thomas Pope fecit similiter cum j porco.

(ij d.) Et quod Agnes de Thrillowe fecit similiter cum j porco.

**431** (finis vj d.) Robertus Faber dat domino vj d. pro licencia tenendi unum cotagium cum j acra terre ac dimidiam adiacente ex concessione Agnetis Rote et Johannis filii sui primogeniti. Qui veniunt in curiam domini et pro licencia concedunt' dicto Roberto dictam cotagium cum dictam acram terre etc. tenendum per sex annos plene conpletos a festo sancti Michaelis proxima venturos salva autem predictis Agneti et Johanni quamdam cameram ubi manent cum curtilagio adiacente. Et predictus Robertus faciet omnia consuetudines et servicia que ad dictum cotagium et dictam terram pertinent per totum terminum sex annorum predictum. Et post dictum terminum sex annorum plene completum predictum cotagium cum dictam acram terre et dimidiam adiaciente predictis Agneti et Johannis revertantur eisdem Agneti et Johanni et sequele dicti Johannis etc. Et predicti Agnes et Johannes solvent quolibet predictorum sex annorum pro predicta camera et curtilago viij d.

**432** (Gersuma ij s. Insula) Nicholaus Scut et Emma uxor eius veniunt hic in curia coram Nicholao de Cauntebr' tunc senescallo Insulis Eliensis et unanime totum jus sursum reddunt in manum domini episcopi quoddam hulmum quod quondam fuit Ade Spendelove ad opus Roberti del Brok capellani. Qui quidem Robertus venit et dictum hulmum cum pertinentiis suis cepit tenendum de domino in villenagio per consuetudines et servicia que ad dictam hulmum pertinent. Et dant domino de fine pro gersuma duos solidos. Plegius Willelmus de Stoneye.

**433** (Dounham) De perquisitis curie ibidem a festo sancti Michaelis anno regni regis Edwardi filius regis Edwardi vicesimo, per j annum. Summa iiij li. xvij s. viij d.

# INDEX OF PERSONS AND PLACES

Only the text is indexed, and by item number, not page. Surnames are grouped under the most common spelling or that most approximate to modern usage.

Alan, Richard son of, 339, 343, 362
Alberd, John, 61, 204
Albyn, John, 35
Aldred, Alred, William, 61, 204
Allen (Alleyn, Aleyn), Isobel, 226;
  Robert, 29, 72, 166, 183, 252, 272, 335, 343, 354-5, 399;
  wife of Robert, 29, 189;
  Simon, 23, 83,
Amicia, widow, 186;
Attepersonnes, Alice daughter of Amicia, 38;
  Janyn, 28;
  John, 33-4
Aumfrey, Aufrey, Aunfrey, Amicia, 189, 379;
  John, 251, 342-4, 373;
  Nicholas, 6, 18, 39, 84, 121, 129, 133;
  Peter, 76, 408, 411;
  Richard, 173, 244, 250, 318, 343-4, 373, 388-9, 416;
  Simon, 11, 54, 108;
  William, 6, 23, 54, 71, 124, 250, 257, 272, 277, 299, 343-4, 379
Ayr, see Eyr

Bachoke, Amicia, 430;
  Cecilia, 6, 21, 321, 400, 430;
  Christiana, 270
Barbour, Walter le, 241
Barre, Simon atte, 149
Batayle, John, 48
Baxter (Baxtere), Alan le, 138, 185
Bekeswelle, John (de), 203, 206
Bercarius, Bercher, see Shepherd
Berton, Henry, servant of Matilda de la, 87;
  Simon de la, 94, 114
Bok, see Buck
Bolay, Ralph, 30, 32, 77-8
Bondel, William, 339
Bonting, see Bunting
Bracerius, Braciator, see Brewster
Branketre, Branktre, John de, 95;
  Nicholas, de, 3, 54, 87, 139, 140, 142;
  wife of Nicholas, 58
Brewster (Bracerius, Braciator, Brazeur, Brazour, Breuster, Breustere, Brewester, Brewestere, Brewstere), Agnes, 319;
  Alice, 36, 45, 73, 103;
  Anota, 21;
  Clement, 7, 27, 36, 44-5, 49, 69, 72, 74, 80, 87, 90, 104, 106, 117, 153, 213, 216, 224, 256, 266, 283, 350, 353-5, 371, 387, 424, 427, 430;

servant of Clement, 224;
Hugh, 347, 390;
John le, 97, 119, 278, 319-20, 341, 430;
Juliana, 263, 319-20, 335;
Simon, 244, 246, 282, 287, 306;
Walter (of Ely), 156, 376
Brook, Robert del, 425, 429, 432
Broughton, [illegible] de, 366
Brown (Bron, Broud, Broun), Anota, 430;
  Cassandra, 319, 430;
  John, 321;
  Simon, 320;
  Walter, 251, 270
Buck (Buk, Bok), Adam, 282, 287, 306, 327, 337, 342, 373, 385, 401, 403-4;
  Agnes, 363;
  Anota, 309, 339;
  Avicia, 339;
  Beatrice, 21, 104, 145, 226, 255, 292, 333, 382;
  John, 239;
  Robert, 6, 23, 75, 84, 213, 214, 222, 309;
  wife of Robert, 189;
  Simon, 23, 71, 82, 84, 87, 95, 97, 133, 136, 155, 168, 172, 179, 188, 213-14, 222, 239, 286, 288, 292, 332-3, 342-4, 365, 373, 380, 382, 403
Bunting, Bonting, Bontyng, Buntyng, William, 10, 18, 27, 37, 58, 60, 88, 92, 141, 148, 236, 421
Burgh (Bourgh), William de, 369, 395, 427
Burmondays, Agnes, 262;
  Margar', 319
Burton, Walter de, 354, 356

Cake, Roger, 91, 93
Cakeland, John, 423
Calendar, Simon, 366
Cambridge (Cauntebr'), Nicholas de, 432
Canerel, Agnes, 320; see also Caurel
Cardinal, Kardinal, Alice, 103-4;
  Geoffrey, 311, 323, 329, 380-5;
  Hugh, 144, 188, 228;
  Joan, 21, 104, 145, 189;
  John, 351, 354;
  Simon (the elder), 14, 23, 37, 39, 47, 55, 57, 61-2, 64-5, 68, 82, 88, 95, 97, 100, 120-1, 135-6, 144, 151, 157, 160, 167-8, 179, 188, 206, 210, 213, 216, 221-2, 228, 241, 252, 259, 265, 268, 278, 288, 317-18, 321, 323, 329, 332, 343, 351, 380, 390, 410, 412-14, 419-20;
  Henry servant of Simon, 124;
  wife of Simon, 21, 145;
  Simon (the younger) son of Simon, 28, 46, 72,

111

80, 85, 87, 93, 97, 99, 107, 133, 155, 164, 173-4, 176-7, 181, 213-14, 390;
William, 13
Carleton, Simon de, 92
Carpenter, *Carpentarius,* Charpenter, Agnes, widow of Adam le, 239;
Agnes, wife of Alan, 104, 145, 189;
Agnes, daughter of Alan, 130, 175, 360;
John, 169;
Nicholas le, 233, 265;
Ralph, 162, 169, 193, 202, 221;
Richard, 318;
Robert son of Geoffrey, 52;
Walter le, 213
Carter, Cartere, Chareter, Alice, 194;
Hugh le, 219;
Richard, 194;
Robert le, 23, 28, 61, 65-6, 75, 86, 95, 105-6, 116, 120, 123, 136, 142, 145, 168, 179, 189, 194, 222, 317-19, 332, 375, 380, 413
Cat, John, 204;
William, 214, 223
Caurel, Agnes, 292, 409. *See also* Canerel
Chamberlain (Chaumberlen), Ralph le, 64
Chaplain *(Capellanus),* Adam, 29;
John, 266;
Robert, 162, 171, 172, 174, 181, 188, 224, 385, 390, 430;
the boy of, 174, 224
Chettisham (Chetesham), Adam de, 192;
Muriel de, 175
Child (Chyld), John le, 54, 64, 97, 172, 174, 187-8, 213-14, 245-6, 252, 276, 278, 317, 342, 345, 363, 371, 385, 405;
wife of, 319
Clement, Mabel, 145;
Simon, 18, 84, 159, 172, 188, 228, 250, 327, 343-4, 384
Clement, Isobel, wife of, 6
Clerk (*Clericus*), Baltewynus le, 244;
Clement, 180;
Henry le, 44;
John le, 69, 257, 389;
Michael le, 395;
Roger le, 95, 135, 140, 211, 231, 240;
William le (of Ely), 206
Climme, John, 61, 233
Cocus, Cok, *see* Cook
Columbers (Columber, Columbiers), Isobel, 377, 382;
James, 324;
Janyn, 255, 259, 265;
John, 172, 282, 287, 289, 290, 302, ë306, 316, 326, 330, 335, 342, 349, 352, 359, 362-4, 366, 370-1, 391, 398, 424;
daughter of John, 319;
wife of John, 292;
John son of John, 335;
maid of John, 174;

Stephen, 321
Conukhethen, John, 223
Cook (*Cocus,* Cok, Coke, Koc), John, 6, 13, 23, 55, 71, 95, 97, 111, 136, 142, 179, 213, 222, 258, 288, 293, 332, 342-4, 347, 380, 388-90;
Adam, servant of John, 283;
wife of John, 292;
John son of John, 362;
John (of Ely), 204;
Matilda, 21, 52, 104;
Peter le, 16, 82, 97;
wife of Peter, 289;
Peter son of Peter, 300-1;
Richard, 52, 104, 111;
Robert, 162, 171;
Simon, 127, 142, 172-3, 316
Cooper (Cupere), Robert, 61
Corner, Henry, 44, 79, 85, 119, 232, 263, 295, 300, 301;
wife of Henry, 174;
Simon, 347
Coroner, Cassandra, 225
Cottenham (Cotenham), Thomas de, 109
Coveney Bridge, 4
Cowherd (Couherde, Vacher), Geoffrey le, 223;
Isobel, 175;
Ralph, 319;
William le , 293
Crisp, Nicholas, 223

Denver (Denever), Hugh, 44;
Reginald, 3;
Roger de, 44, 49, 69, 90-1, 97, 139-40, 198
Det, Thomas, 211
Doddington, Margaret de, 255
Doket, *see* Dukat
Doucessone, John, 386
Downham
drains, watercourses etc.: Cardinalesdamp, 217;
le Coubrig, 98;
Haytesdamp, 216;
le Morthesdich, 139;
le Ottere Dych, 424;
Parkdik, 272;
Siddich, 207, 218;
Thourches Dyche 345 ;
new lode, 272
fields etc.: Aggrave, 241;
le Barlydovehoue, 155;
Bele, 90, 139;
Benegrenelond, 272;
Bradmedwode, 385;
Cokeshoue, 139;
le Grashofe, Grashoue, 139, 385;
Halle Croft, 423;
Haukele, 271;
Oxeweln, 48;
le Parokhoue, 155;
Schortegrene, 215;

le Snakelond, 271
mill, 302, 416
park, 41, 67, 215, 423;
park called Adgrene, 423
parson or rector of, 112, 118, 143, 172, 229, 289, 342;
John his servant, 118, 213, 280
streets etc.: Cardinales Lane, 340;
Overstrete, 341;
Watergate, 272
Downham Hythe (Downhamheth), 4, 22, 98, 165, 201, 269, 272, 340
Dromideys, Agnes, 20
Dronnileys, Margaret, 383
Dukat, Doket, Duket, Hugh, 14, 319, 342;
John, 320

Eliot, Elyot, John, 257;
Ralph, 5, 6, 13, 25, 46, 61, 65, 71, 85, 97, 101, 103, 123, 162, 168-9, 176, 193, 202, 213, 221-2, 229, 280, 316-17, 335, 343;
Richard, 6, 23, 87, 168, 173, 248
Ely, 182, 203-4, 206, 222, 241, 320, 325, 376, 430
almoner of, 96, 146, 233, 275
bishop of, 15, 203. See also Louth, William of
cellarer of, 406
Chettisham (Chetesham) in, 154
master of hospital of St John, 3, 96, 135
prior of, 145, 274-5, 304, 395, 415, 417, 427
steward of the Isle of, 351. See also Cambridge, Nicholas de
Stuntney (Stonteneye) in, 406
Ely, Nicholas de, 225;
Walter de, 378
Eyr, Ayr, John le, 142, 252, 283, 301, 321, 342, 350, 399;
son of John, 319;
John, son of John, 320;
wife of John, 292;
Margaret or Margery le, 255, 333, 382

Faber, see Smith
Faukes, Ralph, 406, 428
Fenere, Agnes le, 226
Ferde, Henry, 321
Fesere, Fesare, Beatrice la, 226;
William, 14, 18, 73, 141, 143, 148, 153, 158, 161, 190, 229, 232;
wife of William, 20
Ferour, Fevere, Fevre, see Smith
Fish (Fysch), William, 3. See also Fisher, Fitch
Fisher, John le, 378;
William, 54
Fitch (Fich, Fichs), William, 95, 110. See also Fish, Fisher
Fletcher (Flecher, Flechere), Richard le, 33, 46, 68
Folke, Clement son of John, 94, 114
Fox, Avicia, 384;
John, 37, 213, 246, 278, 342, 384, 421;

Simon, 23;
William, 360, 372
Franklin (Frankeleyn), Agnes le, 96
Fresingfield, William de, 96
Freterurs, Ralph, 206

Gardener (Gardyner), Cecilia le, 293;
Juliana le, 47, 160, 207, 319
Gayte, Cecilia le, 46, 68, 174;
Ralph le, 46, 68
Gidhewen, see Godhewen
Gille, Peter, 27, 37
Gleys, Stephen le, 416
Godelef', Agnes, 319
Godhewen (Gidhewen), Simon, 6, 23
Grantesdun, John de, 69
Green (Grene), Robert de la, 351

Haddenham, 334
Hales, Isobel de, 421;
John de, 421
Hasteler, Hastiler, Agnes, 21, 189, 234, 255, 283, 292, 294, 319, 333, 382;
Joan, 255;
Robert, 7, 97, 130, 145, 172, 225-6, 234, 283, 392
Hayt, Hait, Hate, Heyt, Joanna, 320, 414, 420;
John, 16, 24, 160, 183, 210, 213-14, 223, 243, 250, 270, 283, 288, 311, 317, 319-20, 345, 363, 410, 412-14, 419-20;
John son of John, 345;
Juliana, wife of John, 320, 414, 420;
maid of John, 130;
Simon, 252, 320-1
Hayward (Heyward, Messser, Messor), Adam le, 319;
Henry le, 246, 385;
John le, 97, 139, 144, 176;
Katherine le, 289;
Ralph, 319;
Simon le, 76;
William le, 56, 69
Heir, John, 3
Hemite, Ralph le, 101;
Hugh, brother of Ralph, 102
Hendeman, Benedict, 61
Hertecombe, Nicholas de, 139
Hill (Hil, Hille), Hugo atte, 131;
John de, 300
Hirde, William le, 212
Hockele, Hugh, 81, 89;
wife of, 319
Hoke, Thomas, 321
Hotham (Hothum), William de, 243, 338, 354, 362, 369, 371, 375, 395
Houce, Hunt, Hunte, Agnes le, 225, 226;
Geoffrey le, 163;
Joan le, 383;
Margary or Margaret le, 283, 319, 368;
Robert le, 163, 283, 320, 346, 378;

Thomas, 319-20;
wife of Thomas, 320
Hunt, *see* Houce
Howet, John, 61
Hugh (*Proude Hugo*), 73
Hythe (Heth, Hethe, Hithe), Adam atte, 60, 92, 93, 107;
Avicia atte (del), 71, 104, 199, 244, 268-9;
Anota atte (del), 144, 298, 336;
Cassandra atte, 15, 22;
Henry atte, 109;
John atte, 174;
Katherine atte, 227,
Matilda atte, 175;
Maurice atte, 4, 13, 39-40, 56, 63-4, 98, 100, 109, 144, 167, 188, 213, 228, 238;
Nicholas atte (of the), 40, 98, 120, 188, 213;
Simon atte, 238;
Thomas atte, 98, 167, 188, 228, 230, 257, 307, 310, 363

Ivo, Agnes, daughter of Henry son of, 15

Jacob (Jecob), Henry, 120, 144, 188, 288, 307, 315
John, Simon son of, 333
Jones (Johannes), Roger, almoner of Ely, 233

Kebbe, Alice, 267;
John, 23, 195;
Richard, 195-6, 267, 272;
Walter, 272
Kede, Agnes, 25, 104, 145, 189;
Alice, 382;
Ralph, 308;
Richard, 2, 13, 23, 44, 48-9, 65, 82, 95, 104, 133, 136, 145, 168, 173, 179, 189, 199, 213, 222, 248, 288, 297, 308, 316, 318, 332, 343-4, 380, 389, 393;
Robert, 212;
Simon, 6, 23, 120, 170, 173, 176, 213-14, 222, 241, 280, 289, 317, 342-3, 354, 363, 372, 405, 417;
wife of Simon, 319
Kendale, Hugh de, 408, 411
Ketton (Keten), Simon de, 235, 246, 304, 345, 353, 369, 396, 417, 427
Keu, Ku, John le, 153, 161;
Peter le, 301, 347;
Peter son of Peter, 347;
Robert le, 215
King (Kyng), Peter, 204

Lane, Joan, daughter of Simon in the, 416
Lark (Larke), John, 347
Lavender (Lavendere), Amy, 21
Lecton, Thomas de, 22
Leverington, Levington, Adam de, 44, 74
Littleport (Litleport, Lytleporth), 35, 75, 272
Litleport, Bateman de, 214

Lovechild, John, 13, 222, 406;
Philip, 13, 30, 30a, 32, 35, 48-9, 75, 78, 84, 110, 133, 203, 337, 343-4, 363, 401, 403;
William, 284, 299, 379
Louth (Luda), William of, Bishop of Ely, 259, 267
Lynde, Thomas, 293

Mabel, Simon son of, 18, 84, 172, 188, 213, 228, 250, 343, 389
Madingley, R[obert] of, court VI *title*
Man, John, 6, 18, 23, 28, 32, 35, 48, 71, 78, 91, 108, 156, 166, 186, 249, 272, 319, 361, 375, 401-2;
Richard, 401
Manea (Maneye), 4, 272
Manimester, Richard, 107
March (Merch), Agnes de, 308;
Margary de, 292
Margaret, Simon son of, 275
Martin, John, 204
Matilla, Amicia daughter of, 397, 430
Mayden, Robert, 245
Mepal (Mephale), William de, 203
Merchant, Hugh, 317
Messer, le, *Messor, see* Hayward
Miller (*Molendarius*), Stephen, 302, 319, 422. *See also* Gleys,
Monner, Stephen le, 397
Morris (Morice, Moriz, Moryce), Alan, 320;
Alice, 74, 292-3, 333, 339, 381;
Geoffrey, 214, 246, 260, 279, 319-20, 339, 365-6, 371;
wife of Geoffrey, 292, 320;
Isobel, 320, 333;
Matilda, 320;
John, 320;
Robert, 6, 23, 81, 89, 217-18, 260;
wife of Robert, 241;
Simon, 17, 55-6, 109, 120, 269

Newman (Neweman), Simon, 214
Nicholas the reeve's son, Agnes wife of, 5
Norfolk (Norf'), Adam de, 296

Overthewater, Thomas, 298

Pappe, Agnes, 292, 383, 430;
Amicia, 430;
John, 283, 319-20, 390, 397;
John son of John, 320;
Thomas, 319;
Walter, 365. *See also* Pope
Parker, Robert le, 147
Paste, John, 241
Pelham, Agnes, 21
Persoun, John, 320;
William, 2, 23, 61, 65-6, 70, 82, 85-7, 89, 95, 99, 104, 106, 120, 131, 133, 136, 144-5, 152, 172, 179-81, 188, 190, 196, 206, 229, 241, 250, 267,

278, 290, 292, 304, 312-16, 326, 332-3, 343-4, 350, 352, 358, 369, 372, 376, 378, 380, 382, 385-6, 388-9, 392, 423-4;
   servant of William, 123. *See also* Reeve
Philip, Adam son of, 6, 9, 11-13, 18, 23 , 28, 30, 30a, 71, 77, 88, 133;
   Amicia widow of, 133. *See also* Hythe
Ploughwright (Plouwrithe), Agnes le, 226
Pope, Adam, 13, 105, 126, 190;
   wife of Adam, 226;
   Agnes, 104, 150, 189, 382;
   Avicia, 104, 145, 189;
   Emma, 225, 261, 282, 287;
   Isobel, 126;
   John, 97;
   Katherine, 104, 145, 226, 292, 333, 377, 382;
   Margaret, 333, 382;
   Simon, 23, 31, 34, 38, 45, 47, 52, 65, 74, 76, 82, 85, 95, 117-18, 121, 126, 128, 136, 153, 160-1, 179, 194, 200-1, 229, 241, 257, 271, 286, 290, 299-300, 305, 309, 312, 316, 324, 326, 330, 332, 337, 342, 347, 349, 356, 358, 364, 369, 371, 379-80, 390-1;
   wife of Simon, 145;
   Thomas, 36, 45, 95, 103, 136, 152, 176, 179, 189, 213, 222, 255, 271, 292, 302, 332-3, 342-3, 380, 382, 429-30;
   wife of Thomas, 292;
   William, 378
Pore, William, 8
Porter, Agnes, 319;
   John, 283, 319-21
Pout, Poute, Pute, Agnes, 4, 31, 55, 87, 98, 144, 167, 172, 188, 228, 269;
   Casse, 144;
   John, 4, 31, 39-40, 87, 98, 106, 120, 144, 167-8, 172, 188, 213, 228, 233, 320;
   wife of John, 320;
   Robert, 423;
   William, 8, 31, 144, 188, 228, 319, 354, 357
Prat, Nicholas, 9, 12, 30a
*Prepositus, see* Reeve
Priest (Prest), John le, 186, 223
Pulham, Agnes de, 145, 226, 333

Reed (Red, Rede) Isobel, 245;
   Margaret, 53, 184;
   Richard, 84;
   Roger le, 154;
   Simon, 206
Reeve (*Prepositus*), Henry son of, 8, 51, 61, 204;
   Simon son of, 20-1;
   Thomas son of, 61, 204. *See also* Persoun, William
Rokelerod, John, 150
Rote, Agnes, 431;
   John, 13, 23, 53, 65, 73, 95, 103-4, 136, 170, 172, 177, 179, 213, 229, 301, 431;
   wife of, 58

Russel, Alice, 194;
   Ralph, 44, 194;
   William, 390

Sartere, Robert, 2
Sauser, Anota le, 338;
   Henry le, 144, 371;
   Joan, 130, 234;
   John le, 13, 23, 54, 65, 95, 120, 130, 147, 168, 213, 222;
   wife of, 21, 189;
   John le son of John, 147;
   Katherine le, 104, 145, 226, 252, 318;
   Robert le, 157, 200, 206, 218, ё234;
   Simon le, 249, 284, 300, 309, 318, 328, 332, 343-4, 358, 362, 369, 380, 388-9, 393
Scot, Scut, Agnes, 145, 342, 402;
   Alice, 381, 406;
   Amicia, 406;
   Avicia, 219;
   Clement, 97;
   Emma, 432;
   Geoffrey, 2, 28, 32, 35, 50, 54, 71, 78, 82, 84, 97, 100, 125, 128, 133, 136-7, 142, 168, 172, 179, 188, 191, 212-13, 222, 272, 274-5, 299, 304, 316-17, 332, 337, 342-4, 354, 356-7, 371, 373, 380, 385, 388, 403, 415, 423;
   wife of, 189;
   Isobel, 200;
   John, 7, 23;
   Matilla, 270;
   Nicholas, 84, 97, 137, 213, 240, 317, 350, 373, 386, 405, 432;
   Simon, 339;
   William, 316, 343, 385, 430
Shelford, bishop's manor of, 370
Shelley (Shelleye), John de, 336
Shepherd (*Bercarius,* Bercher), Geoffrey, 265;
   Gilbert le, 283;
   Hugh, 199, 398, 403, 423;
   John le, 163-4;
   John son of Dulcie of Ely, 206;
   John son of Gilbert, 300, 301;
   John son of Nicholas, 390;
   John son of Stephen, 121;
   Joseph, 87, 141, 149, 191;
   Margaret le, 319, 390;
   Nicholas, 82;
   Simon son of Nicholas, 390
Sherman, Schereman, John, 184, 229, 252, 268, 274, 282, 287, 289, 306, 317, 340-2, 371, 385, 427
Shirburn, John de, 296, 366
Shippea (Schepeye), Lucy de, 206
Smerles, Smereles, Agnes, 226;
   Henry, 167, 257, 298, 363;
   Joan, 132;
   John, 17, 39, 55-6, 63, 70, 98, 100, 109, 120, 144, 165, 167, 188, 201, 214, 228, 257, 272, 298, 307, 310, 389;

Reginald, 39-40, 109, 120, 167, 188, 201, 228
Smith (Smyth, *Faber*, Ferour, Fevre), Agnes, wife of Robert, 21, 104, 145, 189, 226, 255, 292, 333, 382, 431;
    Geoffrey, 44, 54, 81, 172, 199, 213, 247, 260-1, 274, 281-3, 287, 306, 317-20, 342-3, 345, 363, 372-3, 396, 402-3, 430, 406;
    Roesia daughter of Geoffrey, 406;
    John, 6, 11, 23, 125;
    Matilda daughter of John, 247;
    Robert, 2, 54, 130, 178, 187, 213, 217, 252, 272, 288, 300, 332, 342-3, 371, 375, 380;
    daughter of, 401;
    servant of, 178
Spendlove, Adam, 432
Sporle, Richard de, 182
Starling, Starlyn, Starlyng, Agnes, 116;
    Matilda, 104, 213, 321;
    Simon, 13-14, 23-4, 39, 51, 61, 65, 95, 116, 120, 123, 136, 144, 153, 172, 176, 179, 188, 321, 342, 423;
    William, 141, 149, 153, 161, 192, 228, 317, 321, 342, 423
Stephen, John son of, 129
Stone (Ston), wife of John, 320
Stonea (Stoneye), Isobel de, 292, 319;
    Joan de, 130, 145, 189, 226, 234, 255, 292, 325, 333, 342, 382;
    John de, 213;
    Mabel de, 382;
    Robert de, 322, 406;
    Rose, 154;
    William de, 54, 64, 69, 71, 81-3, 85, 87-8, 91, 95, 118, 120, 136, 138, 153-4, 172, 179, 184, 188, 207, 229, 234, 290, 305, 314, 324, 332-3, 340, 342, 347, 356, 359, 370-2, 380, 384, 386, 392, 398, 416, 422-3, 432;
    wife of, 21, 104
Stranger (Straunge), Ella le, 283
Stretham, 241
Stretham, John de, 255, 277, 282, 287, 289, 306;
    wife of, 189;
    Matilda de, 387
Sutere, *Sutor, see* Tailor
Suur, Cassandra le, 104
Sweyn, Christiana, 381
Swon, Gilbert le, 320, 392, 409;
    John le, 334, 347, 397

Tailor (Sutere, *Sutor*, Taillour, Tayllour), Adam le,

212, 223;
    Henry le, 377;
    Nicholas le, 174
Thomas, the groom of Robert, kinsman of the late bishop, 15, 40
Thrillowe, Agnes de, 430
Tilbrook, Agnes de, 293
Travencer, John le, 230
Trifle, John, 20

Vacher, *see* Cowherd
Valentine (Valentyn), Ralph, 313-14
Virly, Virli, Vyrli, Agnes wife of Alexander, 209;
    Agnes daughter of Alexander and Agnes, 209;
    Alexander, 97, 130, 172, 209;
    Margaret first wife of Alexander, 209;
    Margaret, 406;
    William, 209

Warren, (Warin, Waryn), John, 252, 270, 340-1, 363, 386, 430;
    Katherine, 319;
    Simon, 87, 99, 128, 168, 177, 198, 233, 272, 276, 341, 404, 416
Warrener (Wariner), Thomas le, 44, 74
Wayner, John le, 223
Wayte, Ralph le, 301
Well, Amicia atte, 406, 430
Wereham (Werham, Wirham, Wyrham), Cassandra de, 151;
    Geoffrey de, 334, 390;
    John de, 3, 95, 140, 151, 231, 235, 240
Wheelwright (Whelwryghte), Nicholas le, 325
Whitwell (Wytewelle), John de, 116
Whonadele, Matilda, 180
William, wife of Adam son of, 58
Wimblington (Wymelyngton), Margaret de, 244
Wissett (Wysete, Wysett), Mabel de, 151;
    Roger de, 151, 235
Witcham (Wicham), Stephen of, 393
Witchford (Wichef'), John de, 132
Woodward (Wodeward), Cassandra, 20-1, 225;
    Ibbota, 21
Wright (Wrighte, Writte, Wrytte), Agnes, 21, 283, 319;
    Alan, 6, 23;
    Richard le, 328, 388-9;
    Richard son of Alan le, 393;
    Walter, 300-1
Wyntew, John, 406

# INDEX OF SUBJECTS

Unless otherwise stated, references are to item numbers in the text.

Agistment, 67

Agreement, licence for, 28, 45, 72, 74, 76, 87, 89, 124, 128, 161, 170, 305, 314, 327, 365, 377, 396-7, 409, 429

Amercements, excused, 3, 21, 23, 74, 82, 85, 89, 91, 96, 97, 100, 101, 104, 144, 145, 172, 176, 189, 206, 223, 225, 226, 230, 249, 283, 319, 333, 347, 355, 362, 382, 390, 400, 417, 423

Animals, 118, 159, 213, 236, 289, 359, 423
cattle, 67, 212, 270, 370, 392; damage by, 172, 213, 268, 270, 289, 321, 370-1, 386, 398, 410
dogs, damage by, 112
geese, damage by, 423
horses, foals, 67, 241; damage by, 64, 84, 172, 214, 245, 252, 268, 285, 317, 365, 366, 371, 376, 386, 423
pheasants, 112
pigs, 85; damage by, 7, 53, 172, 241, 252, 278, 280, 289, 317, 342, 347, 355, 365, 371, 376, 398, 430
rabbits, 112
sheep, 82, 140, 334, 337, 362, 415; damage by, 59, 317, 366, 376, 386, 423

Articles of the view, page 7

Assize of Bread and Ale, pages 7, 10

Aumfrey, Aufrey, Amicia, 189, 379; John, 251, 342-4, 373; Nicholas, 6, 18, 39, 84, 1221, 129, 133; Peter, 76, 408, 411; Richard, 173, 244, 250, 318, 343-4, 373, 388-9, 416; Simon, 1, 54, 108; William, 6, 23, 54, 71, 124, 250, 257, 272, 299, 343-4, 379

Bishop, jurisdiction of, page 6

Bylaw, pages 5, 17. See also Manorial officers.

Crops, 58, 90, 130, 174, 224, 229, 241, 252, 381. See also Offences, damage to crops

Custom of the manor, 47, 111, 126, 192, 199, 201, 207, 209, 219, 238-9, 421

Damages awarded, 30, 32, 35, 53, 85, 90, 148-9, 157, 163, 166, 210-12, 232, 243, 261, 277, 282

Debt and detinue, of goods, 30, 32, 35, 48, 77, 93, 150, 156, 230, 240, 277, 351, 375
of money, 30, 75, 92, 110, 125, 133, 148, 166, 191, 249, 277, 305, 313-14, 324, 328, 351, 376, 378, 410, 416
help in recovering, 77, 151

Dower, see Land

Drove, admission to a, 160

Essoins, 1, 27, 44, 68, 107, 135, 153, 169, 198, 221, 274, 275, 304, 353, 369, 395, 427

Extents, pages 3-4

Fines and dues
common fine, 2, 13, 95, 136, 179, 222, 254, 291, 348, 380
entry money, 22, 31, 33, 34, 47, 111, 126, 155, 165, 192, 194, 195, 196, 200, 207, 209, 234, 238, 239, 248, 308, 309, 329, 330, 379, 399-405, 424, 431-2
heriot, 111, 379
inquest, 83, 121
leyrwite, 15, 38, 227, 293, 338
marriage, licence for, 52, 116, 154, 199, 219, 239, 247, 339, 405-6.
See also Agreement, Procurations.

Firebote, 358

Fish, fisheries, 4, 207, 215-18, 271-2, 412, 424

Frankpledge, pages 7-8

Free tenants, 96, 146, 235, 384, 399

Fugitives, 334

Grange, 241

Hayebote, 358

Holdings, tenure of, page 4

Homage, the whole, 2, 65, 95, 126, 147, 238, 241, 258, 260, 285, 292, 309, 323

Housbote, 358

Hue and cry, 103, 180, 256, 296, 335, 383
wrongly roused, 103

Infirmity, 323, 325

Inquest, jury of, page 6
ordered, 69, 80, 121, 260, 267
results of, 8, 24-5, 53, 85, 90, 110, 118, 149, 157-8, 163, 166, 191, 210-12, 230, 243-5, 260, 266, 277, 282, 289, 328, 355-6, 408, 411-12

Jurors, lists of, 13, 95, 136, 179, 222, 332, 380
as affeerers, 66, 86, 106, 286, 312, 326, 349, 352, 364, 391

Land, admissions and changes of tenants, 22, 31, 33, 34, 47, 155, 165, 192, 194, 195, 200, 201, 234, 248, 263, 271, 308, 309, 325, 329-30, 367-8, 399-404, 432
disputes over, 5, 259-60, 267, 421
dower, 5, 25, 267
inheritance, 111, 126, 195, 209, 238, 309, 431
let by tenants, 83, 394-400
maintenance arrangements, 31, 194-5, 248, 329
marriage, entry by, 199, 219, 239
strips, 123, 260

# INDEX OF SUBJECTS

Leet, function of, *pages* 7- 8
Livestock, *see* Animals

Manorial court, function of, *pages* 5-6
Manorial officers
   ale-tasters, 104-5, 145, 152, 189, 292, 333, 382
   assessors to arms, 288
   bailiff, 5, 21, 41, 370
   coroners of stock, 359, 370
   custodians of bylaw, 65, 168, 316, 321
   custodians of fen, 358, 369
   hayward, 123, 258, 316, 323, 350; and as pledge
     *passim*
   reep-reeve, 123
   reeve, 123, 154-6, 161, 163, 241, 292, 316
   le wodefechir, 361
Marriage, *See* fines and dues
Mill, 19, 57, 302, 324, 363, 393, 416

Offences
   adultery (leyrwite), 15, 29, 38, 119, 227, 241,
     293, 338
   assault, 14, 37, 141, 157, 163, 180, 181, 210,
     211, 357
   assize, breaking of, 21, 104, 145, 189, 225, 255,
     292, 294, 333, 381-2
   bylaw, breaking of, 54, 244, 285, 297, 319, 430
   causeway, failure to repair, 98
   concealment of offence, 300
   contempt, 12, 50, 236
   conveyance of land without licence, 399-405
   damage and trespass,
     to park, 10, 61, 63-4, 70, 132, 176-8, 423;
     to property and crops, 10, 132, 176-7, 185,
     245-6, 260-2, 269, 282, 284, 287, 306-7, 310,
     315, 317, 345, 356; to fen, 18, 61, 143, 158,
     187. *See also* Animals.
   ditch, failure to clean, 385
   encroachment, 99, 137, 139, 251, 340, 387
   false complaint, 8, 92, 164, 191, 233, 260, 265,
     276, 288, 357, 428
   fealty, failure to do, 94, 114
   folding of sheep, unlicensed, 82, 140
   grazing, by non-commoners, 336
   hamsoken, 383
   harbouring strangers, 101, 142, 147, 186, 223,
     390, 430

hue and cry, wrongful, 103
marriage without leave, 339, 360, 384, 406
mowing in neighbours' meadows, etc., 58, 123,
   130, 251
obstruction etc., of roads, waterways, etc., 16,
   97, 138, 183-4, 187, 235, 341, 345
pasture, improper, 159, 270
path, making common, 373
pledges, failure to honour, 49, 91, 335, 347
poundbreach, 182
sedges and turves, wrongful cutting and sale of,
   17, 39, 40-1, 55-6, 100, 109, 120, 131, 144, 167,
   188, 228, 257, 298-9, 322, 343-4, 388-9;
   by non-commoners, 203-4, 206
slander and gossiping, 73, 79, 166, 223, 266, 366
suit of court, default of, 3, 23, 96, 146, 301, 311,
   347, 419-20
suit of mill, default of, 57, 363, 417
theft, 63, 88, 174, 223-4, 232, 283, 297, 320,
   334, 346
timber, carrying away, damaging etc., 113, 241,
   246, 260-2
tithing offences, 102, 186, 223, 295, 300, 347,
   390
wall, failure to repair, 282, 287, 306
work: badly done, 6, 20, 71, 250, 279, 281;
   not done, 16, 127, 173, 250, 318, 361, 372,
   430
Ordeal, trial by, *page* 6

Pleas, invalid, 235
Presentment, jury of, *page* 8
Prices, *page* 10;
   of wheat, 381
Procurations, 268

Recognition money, *see* Fines, common
Rolls, description of, *pages* 1-2
   scrutiny of, 259

Taxes for arms, 288
Tithes, 324

Wages, *page* 10
Waging law, *page* 6; 69, 73, 416, 422
Women, status of, *page* 11
Wool, 410, 425

# CAMBRIDGESHIRE RECORDS SOCIETY

*General Editor: Peter Searby, M.A., Ph.D.*

---

The Cambridge Antiquarian Records Society was founded in 1972 as a result of a decision by the Cambridge Antiquarian Society to form a separate society for publishing documentary sources relating to the history of Cambridgeshire and neighbouring areas. In 1987 its name was changed to the Cambridgeshire Records Society. Membership is open to all interested persons, and to libraries, schools and other institutions. Members receive one free copy of each volume when published and can purchase back volumes at a special price. Further details and application forms for membership can be obtained from the Secretary, Cambridgeshire Records Society, County Record Office, Shire Hall, Cambridge, CB3 0AP.

Volumes published so far and still available are:

1. *Letters to William Frend from the Reynolds Family of Little Paxton and John Hammond of Fenstanton 1793-1814* edited by Frida Knight

2. *John Norden's Survey of Barley* edited by J.C. Wilkerson

3. *The West Fields of Cambridge* edited by Catherine P. Hall and J. R. Ravensdale

4. *A Cambridgeshire Gaol Delivery Roll 1332-1334* edited by Elisabeth G. Kimball

5. *The King's School Ely* edited by Dorothy M. Owen and Dorothea Thurley

6. *The Church Book of the Independent Church (now Pound Lane Baptist) Isleham 1693-1805* edited by Kenneth A.C. Parsons

7. *Catalogue of the Portraits in Christ's, Clare and Sidney Sussex Colleges* by J. W. Goodison

8. *Accounts of the Reverend John Crakanthorp of Fowlmere 1682-1705* edited by Paul Brassley, Anthony Lambert and Philip Saunders

9. *A Peasant's Voice to Landowners by John Denson of Waterbeach 1830* reprinted with Masters' history of Waterbeach and an introduction by J.R. Ravensdale

10. *Romilly's Cambridge Diary 1842-1847* edited by M.E. Bury and J.D. Pickles

11. *Court Roll of the Manor of Downham 1310-1327* edited by M. Clare Coleman

119

**The following volumes are in active preparation:**

*Edmund Pettis's Survey of St. Ives 1728* edited by Mary Carter

*A Cambridgeshire Lieutenancy Letter Book 1595-1605* edited by Eugene Bourgeois

*Baker's Map of the Town and University of Cambridge 1830* reprinted with an introduction by Sarah Bendall

*The Parish Registers of Holy Trinity Cambridge 1564-1812* edited by Mary Siraut

*Letters to Benjamin Barker and Thomas Bowyer Merchants of Swaffham Bulbeck 1789-1793* edited by D. Gerhold and C.P. Lewis

*Romilly's Cambridge Diary 1848-1864* edited by M.E. Bury and J.D. Pickles

**Other projected volumes include:**

*The Cartulary of St. John's Hospital Cambridge* by Malcolm Underwood

*Kirtling Hall Accounts* edited by Susan Oosthuizen

*Architectural Drawings of Wimpole Hall and Gardens* edited by David Adshead

*Little Gidding: the Third Ferrar Generation 1627-1720* edited by D. and J. Ransome

*Treasurers' Accounts of the Borough of Cambridge to c.1510* edited by Barry Dobson

*Cambridgeshire Hearth Tax Assessments 1662-1664* edited by Nesta Evans

*Witchcraft Sources for Cambridgeshire* edited by Malcolm Gaskill

*Bassingbourn Churchwardens' Accounts 1497-1538* edited by David Dymond